Bibliografische Information durch
die Deutsche Nationalbibliothek:
Die Deutsche Nationalbibliothek verzeichnet diese
Publikation in der Deutschen Nationalbibliografie;
detaillierte Bibliografische Daten sind im Internet
über http://dnb-d-nb.de abrufbar.

AF286089

Herstellung und Verlag:
Books on Demand GmbH, Norderstedt

ISBN-Nr. 9 783 837089 769

Idee, Text und Gestaltung: Brigitte Wenzel

Titelbild: Markus Kompauer

Lektorat und Probeleser:
Stefanie Jörg, Gisela Fabricius, Ramona Raible

Paula

"Ein Name – ein Gedanke"

Roman

von

Brigitte Wenzel

Ich wünsche allen meinen Lesern sehr viel Spaß mit diesem Buch - und mit Paula. Die Schreibphase zu dieser Geschichte hat mir persönlich sehr viel Freude bereitet.

Das Thema ist nicht neu. Neu daran ist nur, dass ich darüber schreibe. Die Handlungen, Orte, Personen und Namen sind frei erfunden.

Ich bedanke mich bei allen, die mich bei diesem Werk unterstützt haben. Danke für die Anregungen, Anmerkungen und auch für die Kritik.

Ganz besonders bedanke ich mich bei Stefanie Jörg, Gisela Fabricius und Ramona Raible für das Probelesen und das Lektorat. Bei Markus Kompauer für das wundervolle Titelbild, das er extra für dieses Buch entworfen hat.

Sollte jemand einen Schreibfehler finden, darf er ihn behalten.

Lieben Gruß Eure Brigitte Wenzel

1

Tick Tack, Tick Tack – so hörte er sich an. Der Ton, der mich immer öfter daran erinnerte, dass die Wechseljahre unaufhaltsam näher kamen. Aber mir, der aufgeschlossenen Paula Füllermann konnte diese Tatsache doch nichts anhaben. Schließlich war ich Mutter von zwei wundervollen Zwillingsmädchen, hatte einen guten Job in einer Anwaltskanzlei. Nein, nicht als Anwältin – nur als Gehilfin – immerhin. Ich hatte mein Abitur mit Bravur bestanden, aber die Geburt der Zwillinge vereitelte ein Jurastudium. Mit einem Baby wäre es eventuell noch machbar gewesen, mit zweien – unmöglich. So entschieden Leonhard und ich, dass er die Brötchen verdienen musste und ich meine ganze Kreativität an den Kindern ausleben durfte. Ich musste zugeben, das hatte auch etwas. Als Freya und Fee fünfzehn Jahre alt wurden, erlaubte es meine Zeit, einen Halbtagsjob in einer angesagten Kanzlei anzunehmen. Nach vielen Jahren des Mutterdaseins gab es endlich wieder einen Grund sich schöne Kleider zu kaufen, zum Friseur zu gehen und überhaupt wieder nach sich selbst zu schauen. Ein Gefühl, das mir einen Hauch von Freiheit verlieh. In meinen Gedanken war ich jung, vital und unglaublich attraktiv. Die Realität bestätigte mir ein Alter von einundvierzig Jahren, Atemlosigkeit nach fünf Treppenstufen und ein eher nicht ganz so attraktives Äußeres. Obwohl dies ja des Betrachters Meinung blieb. Ich war eine Träumerin mit einer sehr positiven Lebenseinstellung. Meine Welt bestand aus einem intakten Familienleben, was für mich das Allerwichtigste überhaupt war. Meine Vorstellung lag darin, dass ein Leben nur mit einer guten Familie im Hintergrund funktionieren konnte. Ich weiß, man könnte dies als sehr naive Betrachtungsweise des Lebens durchgehen lassen. So war ich nun einmal.

Meine Töchter waren inzwischen zweiundzwanzig Jahre alt, und verließen das behütete Nest. Beide zogen in Wohngemeinschaften in der Nähe ihrer Universitäten. Freya studierte Medizin und Fee hatte ein Jurastudium begonnen. Mein lieber Leonhard, mit dem ich inzwischen dreiundzwanzig Jahre verheiratet war, arbeitete als angestellter Geschäftsführer im hiesigen Krankenhaus. Also wenn man den deutschen Standard als Maßstab genommen hätte, wäre Familie Füllermann das Musterbeispiel dafür gewesen. Mein Leben schien einundvierzig Jahre lang wie aus einem Musterhauskatalog. Eine komplett unkomplizierte Kindheit, eine durchschnittliche Pubertät. Danach lernte ich Leonhard kennen. Erst wurde sich verlobt, dann geheiratet und kurz darauf wurden die Mädchen geboren. Ich war Mutter und Hausfrau und stets bemüht, dass alles - wirklich immer alles - in der Norm blieb. Egal, ob es die Frisuren oder Kleider waren, die Musikrichtungen - die immer verrückter wurden - Familie Füllermann schwamm immer schön am Mittelpol mit. Keiner von uns war auffällig. Weder im positiven noch im negativen Sinne. So verging ein Jahr, zwei Jahre, ein Jahrzehnt. Ich schien mit meinem Leben zufrieden – kannte ja aber auch kein anderes.

Dennoch machten die Zeichen der Zeit auch vor mir nicht halt. Mein Gesicht zeichnete einige Falten, meine Brüste beugten sich langsam aber sicher der Erdanziehungskraft, meine Oberarme verfügten über diese Wabbelfalten, die vor allem im Sommer in kurzärmeligen Sachen besonders schön zur Geltung kamen. Meine Haare wollten auch nicht mehr alle Pigmente im Originalfarbton zum Besten geben. Ganz zu schweigen von meinen Augen. Was machte ich mich über meine Mutter lustig, wenn sie die Tagezeitung mit gestreckten Armen las? Meine Arme waren jetzt schon zu kurz für die Tageszeitung. Seit ich ausgewachsen war, verfügte mein Körper über eine Gesamtlänge von 165 Zentimetern. Ok - es hätte schlimmer sein können. In Anbetracht dessen, dass ich womöglich auch schon zu schrumpfen anfing, war dies natürlich eine beängstigende Tatsache.

Vor etwa vier Wochen stellte uns Freya ihren neuen Freund Luis vor. Ein sehr charmanter junger Mann. So ein richtiger Schwiegermuttertyp. Sportliche Figur, trendiger Haarschnitt und vom Feinsten gekleidet. Höflichkeiten wie „Bitte" und „Danke" schienen ihm angeboren. Vermutlich hatte aber meine liebe Tochter Tage vor ihrem Auftritt bei uns, mit ihrem Liebsten geübt. Schließlich wusste sie, was wir gern hatten. Ich wollte damit jetzt nicht sagen, dass wir spießig waren oder so, nein das wäre nicht das richtige Wort gewesen. Eher „Auf-der-sicheren-Seite-des-Lebens-Steher",
oder eine moderne konservative Familie. Gab es so etwas überhaupt? – ach egal. Was ich eigentlich erzählen wollte war, dass ich ein Gespräch der beiden Jungverliebten mitbekommen hatte. Natürlich aus versehen, unfreiwillig und total ohne Absicht (ehrlich – ich gehörte nicht zu den Müttern, die ihre Kinder belauschten). Auf jeden Fall war ich in der Küche, um einige Häppchen vorzubereiten. Freya und Luis standen im Garten, unmittelbar

vor dem Küchenfenster, welches gekippt war (ja, ich hätte es zumachen können, habe es aber nicht). Somit konnte ich verstehen, was Luis sagte: „Du hast sehr nette Eltern. Du hattest mir nie erzählt, dass ihr in einem Traumhaus wohnt. Es ist klasse hier. Deine Alten sind cool drauf. Ich an deiner Stelle würde nicht freiwillig ausziehen. Da oben wäre mein Zimmer und der Garten sollte als Oase für die schöpferischen Pausen während des Studiums dienen." Diese Worte sagte er und gab dabei eine große Armbewegung in Richtung Garten. Dann fügte er noch folgenden Satz hinzu: „Deine Mutter sieht für ihr Alter noch recht gut aus." Autsch, war das nun ein Kompliment???? Für ihr Alter? Wollte man so etwas hören? Nein, ich glaube nicht. Wo war sie geblieben – die Zeit? Meine Jugend? Paula, der Bubenschwarm von neunzehnhundert Knall, sah heute für ihr Alter gut aus. Das waren Aussichten – unglaublich.

Wir verbrachten einen sehr angenehmen Tag im Kreise der Familie. Leonhard verstand sich auf Anhieb mit dem jungen Mann, was ich nie für möglich gehalten hätte. Ich hätte geschworen, dass er jeden Versuch eines Kerls an unsere Töchter ran zu kommen, mit der Todesstrafe geahndet hätte. Aber nichts dergleichen geschah. Wir aßen gemeinsam, lachten zusammen und hatten richtig Spaß. Unsere Tochter war unglaublich gelöst neben ihrem Freund. Ich beneidete sie etwas für ihre Verliebtheit, für ihre unbekümmerte Art, für ihr Lachen und am aller meisten beneidete ich sie um den Blick, den ihr Luis schenkte. Wie verliebt er in sie war – in unsere kleine Freya. Gut, machen wir uns nichts vor, wäre es anders gewesen, wäre das Muttertier in mir zur Bestie geworden und hätte diesem supersüßen Bengel die Leviten gelesen. Somit blieb mir nur ein ganz klein wenig die Sorge, dass meine süße Kleine ihm vielleicht das Herz brechen könnte. Aber wollen wir mal nicht von ungelegten Eiern reden. Probleme werden erst dann gelöst, wenn sie vorhanden sind. Für den Moment war ich mit allem in meinem Leben einverstanden und glücklich. Ich hatte jetzt erwachsene Kinder. Ein Gedanke, der mir nicht wirklich leicht durch meinen Kopf ging. Dieses Loslassen, auf neue Situationen einstellen waren Eigenschaften, die nicht gerade zu meinen Tugenden gehörten. Von mir aus müsste sich die Welt nicht drehen – aber mich fragt ja keiner.

Am Abend, als die Kinder sich verabschiedet hatten, setzte ich mich mit einem Glas Rotwein in unsere Hollywoodschaukel und begann über mein Leben zu senieren. Eigentlich hatte ich alles, wovon andere träumten und eigentlich war ich ja auch zufrieden. Wir wohnten in einem Einfamilienhaus, einem solchen, wo der Vorgarten peinlichst sauber gehalten wird und die Gegend galt als eine der besseren Wohngegenden. Unsere Kinder waren ohne erwähnenswerte Katastrophen aufgewachsen – im Gegenteil, es lief manchmal schon fast beängstigend rund, unser Leben. Alle waren gesund und keiner von uns hatte finanzielle Sorgen. Dennoch beschlich mich ein Gefühl, das mir die Sehnsucht nach Lebenslust einhauchte. Ein Gefühl, das mir Angst machen wollte. Angst davor, dass mein Leben zu schnell an mir vorbei rauschen würde. Kleine Panikattacken, die mir Langeweile als eiskalten Vorwurf bescheinigten. Damit wurden meine Gedanken darin bestätigt, dass wenn man „eigentlich" sagt, ein Mega-Haken an der Geschichte hängt. Sonst würde man dieses Wort, welches eine eigenartige Bedeutung zu haben schien, nicht verwenden. Mitten in meinen Gedanken kam Leonhard zu mir und setzte sich neben mich in die Schaukel. „Na, meine Süße – du siehst so nachdenklich aus. Geht es dir gut?" „Ja, mir geht es gut. Ich denke nur so darüber nach, wie schnell alles vorbei gegangen ist. Die Kinder sind schon erwachsen und brauchen uns fast gar nicht mehr. Wir werden unaufhaltsam älter", war meine Antwort. „Oh, meine Paula kriegt den

Alterskoller. Wer hätte das gedacht?", spottete mein Gatte zurück. „Nein, jetzt mal ehrlich – lass uns doch einmal etwas Verrücktes tun. Lass uns reisen gehen oder mit einem neuen Hobby anfangen. Lass uns neue Möbel kaufen. Komm, wir stellen unser Leben auf den Kopf", sprudelte es mit Begeisterung aus mir heraus. „Paula, Paula – mach mal langsam. Was ist denn nur los mit dir? Ich erkenne dich kaum wieder. Meine Paula und neue Sachen anfangen, wo kommen wir denn da hin? Sonst muss ich dich zu allem überreden, was neu sein könnte." Leonhard hörte sich fast etwas vorwurfsvoll an. „Ja, ich weiß – aber jetzt wo die Kinder groß sind und mir so langsam klar wird, dass wir vielleicht etwas verpassen, sollten wir doch noch einmal durchstarten. Wir können es uns leisten. Wir sind ja noch ein bisschen jung, und jetzt müssen wir auf niemanden mehr Rücksicht nehmen. Lass uns eine Reise buchen", waren meine nicht ganz so erfolgreichen Erläuterungen. „Ich kann nicht auf Reisen gehen. Ich bin im Büro sehr eingespannt, da kann ich nicht einfach weg. Wieso willst du neue Möbel, unsere sind doch noch gut? Kriegst du gerade eine Lebenskrise oder kommst du schon in die Wechseljahre?" – waren seine abschließenden Worte. Gong – eine Faust mitten ins Gesicht. Da war es schon wieder, dieses Tick Tack, Tick Tack. Sprachlos wippte ich auf der Schaukel und blickte meinem angetrauten Ehemann hinterher, wie er sich langsam ins Haus begab. So war Leonhard schon immer. Neue Ideen mochte er nicht. Schon gar nicht, wenn diese von mir kamen. Veränderungen an sich konnte er nicht ausstehen. Dabei behauptete er dann immer, dass ich die Veränderung nicht mochte. Naja, was sollte ich sagen – die Wahrheit lag wahrscheinlich in der Mitte und besagte, dass wir beide nicht gerade die spontansten Menschen waren. So viele Ehejahre gingen mit Spontanität nicht einher.

„Der versteht mich nicht. Dem geht es überhaupt nicht so wie mir", waren meine Gedanken. Zum Teil beleidigt, zum Teil frustriert schlürfte ich meinen Rotwein. Erst ein Glas, dann das zweite und danach sollte man sowieso aufhören zu zählen. „Egal, Paula Füllermann – du bist jetzt einundvierzig Jahre alt und kannst dein Leben auch selbst ein klein wenig auf den Kopf stellen", waren meine kampfansagenden Gedanken.

Die Hollywoodschaukel wippte hin und her, und unter dem Geräusch eines gleichmäßigen Quietschens war ich wohl eingeschlummert.

Gegen 23 Uhr war ich dann wieder aufgewacht. Durchgefroren und einen Brummschädel vom Feinsten. „Selber Schuld", schimpfte meine innere Stimme. „Du hast zu viel getrunken und weißt ganz genau, dass du es nicht verträgst. Dumme Paula." Ich schleppte mich ins Haus und war auf mich selbst sauer, weil ich immer wieder dieselben Fehler zu machen schien. Ich vertrug wirklich keinen Alkohol. Leonhard war schon zu Bett gegangen. Diese Tatsache stimmte mich nicht fröhlicher. Schließlich hätte er mich wecken oder zumindest zudecken können – aber nein, der ließ mich einfach fast erfrieren. Schließlich stand ich unter erheblicher Promillewirkung, war somit wehrlos meinem Schicksal ausgesetzt. „Ach Paula, halt die Klappe und geh endlich schlafen", ermahnte mich wieder meine innere Stimme. OK.

2

Als erste revolutionäre Veränderung wollte ich ein Fitnessstudio aufsuchen. Noch nie war ich in so einer Einrichtung. Meine Kolleginnen erzählten mir von einem Body-Forming-Kurs und das Studio lag nur drei Straßen von der Kanzlei, in der ich arbeitete, entfernt. Also dachte ich mir: „Da machst du mal einen Schnupperkurs." Sibylle war die Kollegin, mit der ich mir ein Büro teilte, und da sie schon seit zwei Jahren Mitglied in diesem Fitnessverein war, informierte ich mich bei ihr. Schließlich wollte ich mich ja nicht blamieren. Ich wusste weder, was man da anzuziehen hatte, noch welche Voraussetzungen man mitbringen sollte. Sibylle meinte nur: „Paula zieh einfach eine Jogginghose an und ein bequemes T-Shirt. Da laufen alle so herum und du wirst schwitzen ohne Ende." Das hörte sich doch nicht schlecht an. Als ich in diesem Studio angekommen war, begrüßte mich eine superschöne Frau. Die hörte bestimmt noch keine Tick Tack, Tick Tack. Sie sah so aus, als ob sie jemand aus einem Werbeplakat ausgeschnitten hätte. Oder besser noch, sie war eine zu fleischgewordene Barbiepuppe. Wenig später erfuhr ich, dass sie die Trainerin war. Alles klar, diese Frau war der Boss – da gab es aber auch so was von gar keinen Zweifel. Ich würde morden, wenn mir jemand bescheinigen würde, dass ich nach einem halben Jahr Training nur halb so toll aussehen würde, wie diese weibliche Person. Sie fragte kurz nach, ob ich ansonsten fit sei und ob ich so etwas schon einmal gemacht hätte. Ich bestätigte meine Fitness und verneinte die zweite Frage. Dann wurde ich durch das ganze Haus geführt und jede einzelne Maschine wurde mir mit Namen vorgestellt. Das Gebäude selbst würde ich als alte umgebaute Fabrikhalle bezeichnen, die mit viel Geschick in eine Art Sport-Oase verwandelt wurde. In meinem Gehirn huschten urplötzlich so Wörter wie Trizeps, Bizeps, Step-Cardio, Spinning etc. hindurch und ich spürte meine einundvierzigjährige Unwissenheit und noch schlimmer, meine Unsportlichkeit. Für mich sahen hier alle Menschen toll aus. Jeder Einzelne hatte meine größte Hochachtung allein durch die Tatsache, dass er vor mir in diesen Verein eingetreten war. Dann ging es in den Body-Forming-Raum. Was immer ein Body-Forming-Raum war, ich hatte die Eintrittskarte dazu. Außer mir waren noch etwa fünfzehn andere Frauen da. Die meisten extrem viel jünger, aber auch zwei um einiges älter. Der Raum selbst war groß und hell. Eine Wand war komplett verspiegelt, und der braune Parkettboden verschaffte eine angenehme Atmosphäre. Die

Trainerin machte Musik an – sehr schwungvolle Musik und das Aufwärmtraining begann. Alle Teilnehmerinnen standen auf ihren Posten. Mir war mit einem Mal klar, dass es hier so eine Art Pole-Position für jede Einzelne gab, und ordnete mich selbst erst einmal ganz hinten ein. Ich werde mich hier schon vorarbeiten – früher oder später.

Rhythmische Bewegungen, gepaart mit Arm hoch, Arm runter und ewigen Zählvorgängen 8-7-6-5-4-3-2-1 jetzt acht mehr, wollten kein Ende mehr nehmen. Nach etwa zwanzig Minuten kamen Beinübungen, danach Bauchübungen. Die Trainerin machte alle Bewegungen mit und sie machte fast einen gelangweilten Eindruck. Ich dagegen wusste nicht, ob ich in den nächsten Minuten an Sauerstoffmangel oder an zu hohem Blutdruck sterben würde. Ich schwitzte wie ein Schwein und hoffte darauf, dass mein Deo nicht versagte. Es war eine Qual. Ich spürte Muskeln, von deren Anwesenheit ich bis dato keine Kenntnis hatte. Meine Vermutung lag ja darin, dass die eben erst gewachsen waren. Meine Vorstellungskraft dessen, was ein Mensch auf sich nimmt, um seinen Körper in Form zu bringen, wurde in allen Bereichen übertroffen. Das mit dem Früher oder Später wurde nun ganz deutlich - ein Später.

Meine Fitnessaufgabe war einundvierzig Jahre lang davon geprägt, ab und zu ein paar Stufen zu erklimmen. Aber so richtig jeden einzelnen Muskel zu trainieren, war mir noch nie in den Sinn gekommen. Radfahren und das auch immer nur, wenn kein Hügel in Sicht war, war die einzige außerordentliche Bewegung, die ich hatte. Das war nun die Buße dafür. Die Zählvorgänge, welche sich immer auf die Acht beschränkten, wollten nicht enden. Mit flehenden Blicken schaute ich zur Uhr und hypnotisierte den Zeiger voran. Wie lange konnte eine Stunde sein? Sehr lange! Nach aller Anstrengung machte die Chefin der Folterkammer eine Entspannungs-CD rein, dämmte das Licht etwas herunter, und ich vergaß im Nu, dass ich eben noch sterben wollte. Das fühlte sich nun gut an. Wobei, als ich genauer darüber nachdachte, konnte ich nicht richtig sagen, ob es sich wirklich gut anfühlte oder ob es nur schön war, weil der Schmerz nachließ. Auf jeden Fall versprach ich mir, auf die Stimme der Frau zu horchen und ihren Befehlen folge zu leisten. Sie sprach leise und langsam so Sachen wie „Du liegst am Meer, dein Körper hat kein Gewicht, du hörst nur das rauschen des Wassers......." Meine Gedanken bekamen Flügel und trugen mich in eine andere Welt. Ich schien schwerelos zu sein. Alles war nichtig und klein. Erst als sie das Licht wieder einschaltete, bemerkte ich, dass alle Teilnehmerinnen schon aufgestanden waren. Die Trainerin kam auf mich zu: "Paula, sie scheinen sich ja prächtig entspannt zu haben. Wie gefiel ihnen dieser Kurs?" Oje, war mir das peinlich! „Danke, ich fand das super. Ich muss nur noch etwas für meine Kondition tun", antwortete ich fast tonlos. „Das kriegen wir schon hin, dann sehen wir uns nächste Woche wieder. Tschüss bis dann", verabschiedete sie mich. „Ach noch was: Ist es ok, dass ich Paula sage? Ich frage immer nach, denn es gibt ein paar Wenige, die es nicht mögen, wenn man sie beim Vornamen nennt." „Das ist völlig ok. Ich würde dann aber vorschlagen, dass wir das SIE völlig weglassen", gab ich zur Antwort. „Ok - ich bin Karla", rief sie mir beim Hinausgehen noch zu.

Ich ging in die Umkleidekabine und dann direkt zu meinem Auto. Meine Füße schienen alleine zu gehen. Irgendwie hatte ich das Gefühl, die machten etwas anderes als ich. Im Auto angekommen, konnte ich kaum die Pedale betätigen. Autsch, tat das weh! Mir wurde mit einem Mal sowas von klar, dass sich hier ein Mörder-Muskelkater anbahnte. Wie die beiden darauf folgenden Tage verliefen, möchte ich gar nicht erwähnen. Es war einfach nur peinlich. Ich musste die Treppen rückwärts hinuntergehen,

weil ich sonst mit jeder Stufe „Aua, Aua Aua!"
rufen musste. In Anbetracht dessen, dass ich
noch nie solch einen Muskelkater hatte, sponnen
mir meine Gedanken eine schlimme Krankheit
an den Leib. Ich war mir sicher, dass nur ein
Mensch mit ernsthafter Krankheit an solchen
schlimmen Schmerzen leiden würde. Und ich
hatte das Ganze auch noch selbst herbeigerufen.
Ich hoffte auf den Verlauf der Zeit und der damit
zusammenhängenden Heilung und Linderung
meiner Beschwerden. Ich war ein Weichei,
sowas von ein Weichei – schlimm! Es ist mir bis
heute noch tief peinlich. Leonhard machte sich
richtig lustig über mich und wieder konnte ich es
hören. Dieses Tick Tack, Tick Tack.

Meine Kämpfernatur verbot es mir, sofort wieder
aufzugeben. Zudem störte es mich, dass sich
Leonhard so komplett lustig über mich zu
machen schien. Wenn es zum Thema wurde,
sagte er immer: „Meine Frau geht neuerdings in
eine Muckibude." Ich empfand das als sehr
herablassend und fühlte mich angespornt, ihm
beweisen zu müssen, dass ich mich durch das
Training nur zu meinem Vorteil verändern
würde. Ein halbes Jahr später war ich fit wie ein
Turnschuh. Meine Kleidergröße hatte sich um
zwei Nummern minimiert – was zu meinem
größten Triumph zählte. Nie hätte ich es für

möglich gehalten, jemals wieder eine Jeans in Größe 38 tragen zu können.

Es war Sommer und meine Abende gestalteten sich darin, dass ich entweder joggen ging, Body-Forming machte oder einen Yoga-Kurs besuchte. Ich fühlte mich pudelwohl. Diesem Oberarmwabbelspeck hatte ich auch den Kampf angesagt und siehe da, ich konnte T-Shirts tragen und meine Arme bewegen, ohne dass die noch wochenlang nachschwabbelten. Paula Füllermann mit revolutionärem Muskelaufbau! Freya und Fee fanden es toll, dass ihre Mutter so viel Spaß am Sport gefunden hatte. Sie empfanden mich als jung geblieben und das war für mich das schönste Kompliment. Leonhard hingegen belächelte mich immer noch. Er mochte meine Veränderung nicht – das Thema hatten wir ja schon einmal. Also schob ich seine desinteressierte Art darauf zurück, dass er sich auf das Neue noch nicht eingestellt hatte. Mir war es aber sehr wichtig geworden und ich wollte dieses Hobby nicht wieder aufgeben. Ich spürte mich und mein Leben, dieses Tick Tack, Tick Tack wollte ich besiegen. Leonhard würde sich schon irgendwann an den Gedanken gewöhnen und vielleicht wollte er selbst auch einmal mit kommen und ein Probetraining machen. Mal sehen.

Ich hatte ein paar Tage frei, aber Leonhard konnte sich in der Firma nicht loseisen. Sowieso schien er mir gerade eine harte Zeit durchzumachen. Er war verschlossen, immer müde und wirkte abwesend. Diese Phasen hatten wir ein paar Mal in unserer Ehe und ich wusste, dass es nichts mit mir zu tun hatte. Meistens waren es Stress, neue Herausforderungen oder Überarbeitung, die meinen Mann belasteten. In dieser Lebensphase ließ ich ihn dann meist einfach machen. Ich selbst hatte soviel Energie in mir. Wenn es gegangen wäre, hätte ich ihm gerne etwas davon abgegeben. Ich wusste, dass es in der Klinik personelle Veränderungen gab, und auch wenn ich mir nicht sicher war, wusste ich doch, dass sich Leonhard insgeheim immer Sorgen um seinen Posten machte. Ich hatte keine Ahnung ob er auch ein gewisses Tick Tack, Tick Tack im Ohr hatte, aber auch er gehörte so langsam zu den älteren Angestellten, die manchmal einfach so durch einen Jungen, frisch von der Uni Kommenden ersetzt wurden. Das waren aber nur meine Gedanken, oder besser gesagt, meine Erklärung für sein momentanes Verhalten. Kommt Zeit, kommt Rat und Leonhard.

Ich fand mich damit ab, dass er Überstunden machen musste. Nun konnte ich entweder rumnörgeln und einen Streit mit ihm anfangen oder ich konnte diese Phase dafür nutzen, für mich etwas Sinnvolles zu tun. Ich entschied mich für Variante zwei. Es hatte sich nichts Spektakuläres in meinem Leben verändert, aber es hatte sich etwas getan und ich empfand es als positiv. Zudem erfreute ich mich an meinem eigenen Spiegelbild. Ich hatte einen Body, besser als er je zuvor hätte sein können und das mit dem ständigen Tick Tack, Tick Tack und stolzen einundvierzig Jahren. Mir war bewusst, dass es noch ein paar Tage dauern würde, bis Leonhard seine Einkehr verarbeitet hatte und dann käme zu meinem absoluten Wohlbefinden auch noch eine gute Ehe und somit mein perfektes Leben zusammen. Ich empfand mein Dasein als erfüllend und war zufrieden mit meinen Tagesabläufen. Wer konnte das schon von sich behaupten? Die meisten Leute hatten doch immer etwas auszusetzen. Immer ist etwas negativ oder wird schlecht dargestellt. Allein wenn man den Fernseher anschaltete, wurde von Katastrophen und Unglücken auf der ganzen Welt berichtet. Kaum eine Meldung ist positiv – meist noch nicht einmal der Wetterbericht. So richtige Zufriedenheit gab es nie. Somit war ich doch ein richtiger Glückspilz. Viele Leute sprechen immer davon, dass früher alles besser war. Dabei hat man unser Gehirn nur so programmiert, dass wir die schlechten Dinge mit der Zeit vergessen, und nur die positiven Erlebnisse an Gewicht behalten. Für mich war das aber ohne Bedeutung, ich mochte jede Zeit meines Lebens. Ich begriff mein Leben in den jeweiligen Situationen anzunehmen. Nur heute nahm ich es viel lieber an. Viel bewusster und dankbarer.

Mein Job war nun nicht gerade das, was erfolgreiche Frauen als aufstrebend bezeichnen würden, aber für mich war er die Eintrittskarte zu meinem eigenen Konto und meinem eigenen Geld. Unser Haus war so gut wie schuldenfrei und die beiden Mädels lebten auch ihr Leben und brauchten uns nicht mehr wirklich. Wir unterstützten sie mit monatlichen Geldbeträgen, was uns leicht viel – zum Glück. Leonhard war meine erste große Liebe und unser Leben schien wie auf Gleisen zu verlaufen. Keine spektakulären Höhen und Tiefen. Gut, es hätte manchmal etwas spannender sein können – aber etwas Beständiges, gleich Bleibendes vermittelte einem auch eine gewisse Ruhe und Stärke. Manchmal sehnte ich mich danach, dass wir mehr gemeinsam unternehmen würden oder dass wir unserem Intimleben wieder etwas mehr Pepp verliehen. Aber die Tatsache, dass wir schon so unendlich lange zusammen waren und die

Gewohnheit sämtliche Kreativität oder Spannung längst aufgefressen hatte, erlosch auch in mir die Sehnsucht und die Bequemlichkeit machte sich breit. Das nannte man dann wohl den Alltag.

3

Es war der 15. August. Ich erinnerte mich an diesen Tag deshalb so genau, weil Leonhard und ich uns an einem fünfzehnten August zum ersten Mal geküsst hatten. Leonhard kam nach Hause. Heute war er über eine Stunde früher da, als in den letzten Wochen. Er legte seine Aktentasche neben das Schuhregal, zog sein Sakko aus und ging ins Badezimmer, um sich die Hände zu waschen. „Das Essen dauert noch einen kleinen Moment, Schatz. Ich hatte noch nicht mit dir gerechnet", rief ich ihm zu. Leonhard kam in die Küche und meinte ohne große Umschweife: „Paula, wir müssen miteinander reden." So wie Leonhard diese Worte aussprach, wusste ich, dass es etwas Ernstes zu besprechen gab. Ich setzte mich an unseren Küchentisch und er saß mir gegenüber. Er machte seine Krawatte locker und öffnete den ersten Knopf an seinem Hemd. Auf seiner Stirn entdeckte ich ein paar Schweißperlen. War mein Mann krank? Wurde er gekündigt und möchte mich auf evtl. finanzielle Veränderungen vorbereiten? Die Luft in diesem Raum trug etwas Bedrohliches und in mir stieg eine unangenehme Spannung auf. Ich versuchte zu lächeln und bat Leonhard um seine Worte. „Paula, es tut mir unendlich leid, aber ich muss dir sagen, in meinem Leben gibt es eine andere Frau. Ich möchte dir nicht lange etwas vormachen, ich habe mich bis über beide Ohren in Gin-Tara verliebt", stammelte es aus ihm in für mich sehr befremdender Tonlage heraus. Ich sah Leonhard sprachlos an. Meine Gedanken versuchten das Gehörte einzuordnen. Mein Mann hat sich verliebt? In eine Frau Gin-Tara? Diesen Namen hätte ich normalerweise einer Hunderasse zugeordnet oder allemal einem Mixgetränk – aber dies schien es ja wohl beides nicht zu sein. Gleichzeitig verriet mir meine innere Stimme, dass Gin-Tara kein Name war, der in meiner Altersrubrik zu finden war. Alle Mal konnte dieses Wesen so alt wie unsere Töchter sein. Lieber Himmel, was sind das für Eltern, die ihr Kind Gin-Tara taufen? „Liebling, sag doch etwas", bettelte Leonhard und riss mich damit aus meinen Gedanken. Er fuhr fort: „Ich weiß ja auch nicht, wie das passieren konnte. Das hat aber ganz bestimmt nichts mit dir zu tun. Du bist klasse, so wie du bist. Nur, plötzlich waren diese Empfindungen da. Ich kann kaum atmen, wenn sie in meiner Nähe ist. Sie ist sehr viel jünger als ich und ihre lockerleichte, fast kindliche Art bringt mich völlig aus dem Konzept." „Du Blödmann, denkst du eine Frau möchte Details wissen, wenn sie betrogen wird", waren meine Gedanken. Gesagt hatte ich allerdings: „Ach Leonhard, was soll ich dazu sagen? Ich bin überrascht, dass du überhaupt zu so etwas fähig bist. Die ganzen letzten Jahre hattest du nur immer deine Arbeit im Kopf. Nicht einmal Urlaub haben wir gemacht. Geschweige denn Sex. Ich kann mich gar nicht mehr daran erinnern, wie das geht. Es kommt sehr überraschend für mich, weil ich eigentlich dachte, dass dir unser Leben so gefällt wie es war. Wenn es das nicht tut." Ich stockte kurz und sah ihn an. „Ich kann dir nur alles Gute wünschen mit dieser, wie hieß sie noch? Wenn du möchtest, kannst du ein paar Sachen packen und gehen." Leonhard schaute mich mit weit geöffneten Augen an. „Du bist nicht böse?" Ich schüttelte den Kopf. „Nein, ich bin nicht böse", sagte ich. „Ich wünsche dir ewige Impotenz – du Schuft", waren stattdessen meine Gedanken. Leonhard ging nach oben und schien ein paar Sachen zu packen. Ich blieb in der Küche sitzen. Eine Leere wohnte in mir. Es fühlte sich nicht echt an. Es konnte nicht echt sein. Gleichzeitig wusste ich, dass Leonhard nicht der Typ Mann war, der mit solchen Sachen scherzte. Leonhard scherzte nie. Er war ein Mann, der mit recht wenig Humor im Leben auskam. Warum flippte ich nicht aus? Ich wurde gerade verlassen, ausgetauscht – entsorgt. Das Einzige, was mich beschäftigte war: Tick, Tack, Tick Tack – und für diesen Gedanken hasste ich mich. Mein

Mann war im Begriff auszuziehen und ich hatte nichts anderes im Kopf als älter zu werden. „Paula Füllermann, was war nur aus dir geworden? Kurze Zeit zuvor jubelst du dir dein schönes Leben vor, und wie gut es dir geht und nun dreht sich der Erdball in die andere Richtung und hatte dich noch nicht einmal um Erlaubnis gebeten. Eben hattest du noch an eine todbringende Krankheit oder den finanziellen Ruin gedacht. Wie naiv bist du nur, meine Liebe? Alles um dich herum droht zusammen zu brechen. Und du sitzt einfach nur da und lässt ihn gehen – unfassbar." Ja, meine innere Stimme und ich – wir waren noch nie wirklich Freundinnen. Ich stand auf, schaltete den Herd ab und portionierte das Essen in Gefrierbehältnisse. Jetzt wollte ja niemand etwas essen.

Leonhard war in unserem Schlafzimmer und packte ein paar Kleidungsstücke in einen Koffer. Ich stand im Türrahmen und schaute ihm dabei zu. Er drehte sich zu mir um, seine Wangen waren feucht. „Paula, ich hätte dir das gerne erspart. Glaube mir, ich habe wirklich hart mit mir gekämpft. Es wäre auch für dich nicht aufrichtig, wenn ich bleiben würde. Es wäre nur mein Körper, der bei dir wohnt, meine Gedanken und mein Herz würden sowieso ausziehen, oder besser noch, die waren schon ausgezogen." Er versuchte entschuldigende Worte zu finden und machte die Sache damit aber nicht besser. „Weißt du, ich verstehe es für den Moment noch nicht. Ich war ja auch nicht darauf vorbereitet. Der, der geht, hat sich ja schon eine ganze Zeit mit dem Thema auseinander setzen können. Für mich als Verlassene ist es erst mal ein Schock. Für mich warst du in letzter Zeit einfach nur im Stress. Ich dachte du musst arbeiten ohne Ende – mir wäre nie in den Sinn gekommen, dass du etwas mit einer anderen Frau hast. Wenn mir das jemand erzählt hätte, hätte ich felsenfest behauptet, dass ich es gemerkt hätte, habe ich aber nicht. Leonhard, ich habe nicht bemerkt, dass du nicht mehr hier sein wolltest. Dabei dachte ich immer, dass ich dich besser kennen würde als mich selbst. War wohl nicht so", waren meine total unwichtigen Erklärungen zu der absurden Situation. Leonhard stand da. Zum ersten Mal betrachtete ich meinen Mann und sah einen komplett hilflosen Menschen vor mir. Man konnte ihm ansehen, wie sehr er mit sich selbst am Kämpfen war. Ich war mir nicht sicher, mit wem er mehr Mitleid hatte – mit mir oder mit sich selbst. Als er fertig gepackt hatte, nahm er seine Tasche und ging an mir vorbei. Mit belegter Stimme sagte er: „Ich melde mich, tschüss Paula." „Tschüss Leonhard", sagte ich fast tonlos. Dann fiel die Tür ins Schloss und er war weg.

Inzwischen waren zwei Monate vergangen. Leonhard wohnte nun bei dieser Gin-Tara. Er meldete sich jeden Tag und erkundigte sich nach meinem Befinden. Das hätte er nicht tun müssen. Als wir noch zusammenlebten, tat er das schließlich auch nicht. Aber ich wusste, dass er diese Geste für sein schlechtes Gewissen brauchte. Und mich störte es nicht. Es hätte mir aber auch nicht gefehlt, wenn er es nicht getan hätte. Diese Tatsache machte mir etwas Angst – ändern konnte ich es jedoch nicht. Ich stopfte meinen Terminkalender derartig voll, dass ich erst gar nicht auf die Idee kommen konnte, über mich und mein Leben nachzudenken. Ab und zu huschte dennoch ein Gedanke bis zu meinem Verständnis vor und löste kleinere Wutanfälle aus. Aber eher wegen diesem Tick Tack, Tick Tack.

Ansonsten war ich sehr erstaunt über mich und meine unglaublich gute Laune. Das Einzige worüber ich mir wirklich Sorgen machte war, wie wir es unseren Töchtern beibringen sollten, dass ihr Vater eine andere Frau, oder besser gesagt ein anderes Kind, liebte. „Böse Paula", ermahnte mich mein Gedächtnis. Ich war zwar nicht böse, dass Leonhard nicht mehr da war, aber diese Frau mit Hundenamen hatte ihn trotzdem nicht verdient und außerdem stehen Gehässigkeiten einer verlassenen Ehefrau zu. Was fand so eine junge Frau an so einem langweiligen Typen? Leonhard war ein guter Mann, aber er war auch langweilig. Vielleicht vermochte sie es, sein Feuer zu entflammen. An dieser Stelle meiner Gedanken bevorzugte ich es jedoch mich ganz schnell von diesem Thema abzulenken. Dafür lebte und liebte ich diesen Mann zu lange, als dass ich mir derartige Dinge nur ansatzweise vorstellen wollte. Mein Selbstbewusstsein war sowieso schon mehr als im Keller. Wenn ich mir Leonhard und diese Person auch noch in leidenschaftlichen Situationen vorstellte, wäre der letzte Ausweg ein Suizid. Allein die Tatsache, dass ich ihm meine Witwenrente nicht gönnte, erhielt meinen aufrechten Gang und förderte die Taubheit auf Spott.

Waren es wirklich die tausend Jahre (es waren zwanzig – gut ich übertreibe), die ihn so anmachten? So gut wie jetzt hatte ich zu keiner unserer gemeinsamen Zeit ausgesehen. Ich hatte einen modernen Haarschnitt, meine Figur war perfekt, meine Kleidung war zeitgemäß. Warum sah er mich nicht? Ich war die, die mit ihm im

VW-Bus gecampt hatte, die mit ihm auf die Klausuren gelernt hatte, die mit ihm einen Tanzkurs absolvierte und die mit ihm in Berlin stand, als die Mauer viel. Ich schenkte ihm meine ACDC-Plattensammlung und ich war die Erste, die mit ihm auf einem Musikkonzert war. Ein Jahr lang sammelte ich auf allen Pril-Spülmittelflaschen diese bunten Blumenmotive, nur damit wir seinen VW-Bus verzieren konnten. Wir waren hipp, wir waren cool und für die Zeit in der wir aufgewachsen waren, waren wir der Welt gegenüber allem aufgeschlossen. Da war dieses Kücken noch eine Wolke (oder so, will jetzt nicht nachrechnen). Nun macht ihn ihre Anwesenheit durcheinander. Ist das gerecht???? Nein, das ist es nicht. Liebte ich ihn? War es nur die Gewohnheit, ihn bei mir zu haben? War es mein verletzter Stolz, sitzen gelassen worden zu sein? Ich hatte sehr viele Fragen und keine Antworten dazu. Auf jeden Fall war ich jetzt sehr froh darüber, dass keiner von unseren Eltern noch lebte. Solange ich um meine Mum und auch meinen Dad getrauert hatte, jetzt war ich einfach nur froh, dass sie das nicht mehr miterlebten. Was war es, was ihn Jahrzehnte an mich gebunden hatte? Mein Aussehen konnte es ja nicht gewesen sein. Vermutlich war ich der Mutterersatz und Leonhard wäre in Wirklichkeit erst jetzt bereit, sein Nest zu verlassen. So darf ich nicht denken, wir hatten auch schöne Zeiten. Ich wirkte rein äußerlich sehr gefasst, in mir drin haderte ich etliche Kämpfe mit mir aus. Menschen, die Trost spenden wollten, verwiesen immer auf den Verlauf der Zeit und dass die Zeit alle Wunden heilen könnte. Mir blieb jetzt nichts anderes übrig, als mich dem Schicksal zu beugen und abzuwarten. Na gut, zu verlieren hatte ich nichts mehr. Vermutlich war es aber einfach nur der Zustand, dass ich an der Situation nichts ändern konnte. Ich wurde mit dem weiteren Verlauf meines Lebens einfach konfrontiert. Keiner hatte mich gefragt, ob es für mich in Ordnung war. Ich musste mich zum positiven Denken zwingen – keine leichte Aufgabe!

Leonhard rief mich an und berichtete mir, dass er vorhatte, mit dieser Person ein neues Haus einzurichten. Er habe am Stadtrand ein kleines Einfamilienhaus angemietet und bat mich um das ein oder andere Stück aus unserem Haus. Da es sich bei dem von ihm geforderten Möbeln um Erbsachen aus seiner Verwandtschaft handelte, stimmte ich zu. Zudem wollte ich unser Haus ebenfalls neu einrichten. Es passte nicht mehr zu mir. Nicht mehr in mein zerstörtes Leben. Alles hier war Leonhard und Paula. Jeder Gegenstand konnte eine kleine Geschichte aus unserem gemeinsamen Leben erzählen. Geschichten, die mit einem Mal an Bedeutung verloren hatten und die Erinnerungen daran würden mich nur unnötig quälen. Leonhard war weg und ich blieb mit den ganzen Sachen zurück. Ich empfand dies als doppelt ungerecht. Von mir aus hätte er zehn Möbelwagen voll packen können und alles mitnehmen – Hauptsache er nahm auch die Erinnerungen mit. Ja, ich suhlte mich im Selbstmitleid und ja, ich durfte das. In meinem Zustand war es ok, wenn man jammerte und ungerecht wurde. Man wurde verletzt und die ganze Welt guckte einen mitleidig an. Zumindest dachte ich das.

Zwei Tage später klingelte es und er stand samt Gin-Tara und zwei Möbelpackern vor unserer Tür. „Lieber Gott danke, dass du mich heute Morgen zum Friseur geschickt hast und vielen Dank, dass ich mich eben erst geschminkt und hübsch gemacht habe", waren meine Gedanken, die mir beim Anblick von „Ich bin noch ganz jung" durch den Kopf huschten. Ich gab mich übertrieben höflich und begrüßte den Überraschungsbesuch. Mein lieber Noch-Ehemann wollte mich vor Ankunft anrufen – hatte dies aber wohl völlig verschwitzt. Macht ja nichts, die liebe Paula war ja spontan und hielt so einem Angriff locker stand. Leonhard begrüßte mich mit einem kleinlauten Hallo und ging mit den Möbelpackern durch die Räume, machte auf alle mitzunehmenden Möbelstücke einen kleinen roten Aufkleber – Gin-Tara schaute ihnen hinterher. Ich ging in die Küche und bemerkte, wie sie mir folgte. „Hallo Paula, schön haben sie es hier." Bei diesen Worten schaute sie im Raum umher und ihr Blick hielt an einem Foto, auf dem Leonhard und ich mit unseren beiden Töchtern zu sehen waren. Es war unser Urlaub auf Sylt. Die Zwillinge wurden achtzehn Jahre alt und es war unser letzter gemeinsamer Urlaub. Dann sprach sie weiter: „Ich bin sehr froh, dass sie die Sache so cool nehmen. Das macht es Loni und mir wirklich sehr viel leichter", versuchte sie eine Konversation zu beginnen. Nur für das Protokoll: Sie nannte ihn Loni. Wie albern war das denn? Bei mir war er vierundzwanzig Jahre lang Leonhard und ich war Paula. Schnuggi, Putzi und Hasenschnäutzerchen hatten wir uns stets erspart. Und sie nennt ihn nun Loni und er lässt das auch noch zu. Wobei, wenn ich genau darüber nachdachte, Gin-Tara und Loni – wir könnten einen Zoo eröffnen. Die Hauptdarsteller hätten tatsächlich schon Namen. Sie plapperte unentwegt und in meinen Ohren summte und brummte es. Ich wollte nur noch, dass er endlich ging und dieses blonde Ding auf ewig langen Beinen mitnahm. Als die Möbelpacker fertig waren, kam Leonhard zu mir, drückte mich kurz

und sagte: „Danke Paula, du bist ein Engel."
„Wir müssen es unseren Töchtern noch sagen.
Freya hat sich fürs kommende Wochenende
angemeldet und Fee könnte ich noch anrufen",
sagte ich fast beiläufig. „Bitte sei so nett und
richte es ein. Wenn wir mit dieser Sache offen
umgehen, dann sollten wir es vor den Kindern
auch nicht verheimlichen", sagte ich betont
gelassen hinterher. „Du hast recht, wie immer
Paula. Ich werde kommen. Sag bescheid, wann
die Kinder eintreffen werden", war seine
Antwort. Dann schnappte er das junge Ding an
der Hand und verabschiedete sich. Es war, als ob
ein ICE durch mein Haus gejagt wäre. Sie
klingelten, fielen in mein Haus ein, erbeuteten
einige Gegenstände, prabbelten mir die Ohren
voll und waren in voller Geschwindigkeit wieder
weg. Ich saß in meiner Küche, völlig leer und
ausgebrannt, und zum ersten Mal konnte ich
weinen. Ich fühlte mich minderwertig. Diese
Gin-Tara war höchstens zwei Jahre älter als
Freya und Fee. Sie wirkte so perfekt, sah
verdammt gut aus. Diese blöde Kuh war
sympathisch. Was wollte so eine Frau von
meinem Leonhard? Gut, er sah nicht schlecht
aus. Aber der Reißer war er auch nicht. Kein
Brad Pitt oder so. Leonhard war so etwas von
unspontan. Kleidertechnisch war er selbst für
meinen Geschmack sehr konservativ. Seine

Hemden mussten immer noch einmal extra mit Stärke behandelt werden, damit alles perfekt passte. Beim Sex hatte er generell das Licht ausgemacht und war auch hier nicht wirklich probierfreudig. Und jeden Abend schliefen wir in der Löffelchenstellung ein. Er war einfach ein normaler Mann Mitte vierzig. Man könnte ihn als Pantoffelhelden beschreiben. Früher hatte alles seine Mutter für ihn getan und dann kam ich und kurz darauf unsere Mädchen. Die Tatsache, dass ich Hausfrau war, veranlasste Leonhard dazu, noch nicht einmal einen Finger krumm zu machen. Wie gerne hätte ich es gehabt, wenn er für mich irgendetwas in unserem Leben geändert hätte? Dazu hatte er wohl keine Lust oder keine Veranlassung. Es war ja alles so schön praktisch. Soviel ich weiß, arbeitete Gin-Tara bei ihm in der Klinik – der Klassiker also. Die wird ihn schön einspannen, unser Zuckerschnütchen. Ein kleines bisschen beneidete ich die Beiden für ihre Verliebtheit. Aber unterm Strich nahm mir dieses junge Ding nicht nur meinen Ehemann weg – mit ihm ging auch die Langeweile. Ich weinte und schluchzte noch eine halbe Ewigkeit vor mich hin. Draußen war es schon dunkel geworden und von der ganzen Heulerei bekam ich Kopfschmerzen. Es tat weh, es war ungerecht und die Zeit, die alle Wunden heilen sollte, ging einfach nicht vorbei.

Tick Tack, Tick Tack – ich hasste es. Ich hasste mich, ich hasste Gin-Tara, ich hasste Leonhard, ich hasste mein perfektes Haus, ich hasste das ganze Leben!

Wenn sie ihn Loni nannte, wie nannte er sie? Nein, ich durfte mich nicht damit quälen, mir irgendwelche Dinge vorzustellen. Ich hatte eine grausame Phantasie. Wenn ich dieser freien Lauf lassen würde, wäre ich am Ende die betrogene Ehefrau, die reif war für die Klapse. Soweit durfte ich es auf keinen Fall kommen lassen. Ich musste mich dazu zwingen daran zu denken, dass sie nun den langweiligen Pantoffelhelden hatte und ich eine Chance auf ein neues Leben. Aber meine Gedanken machten mir immer wieder klar, dass er bei ihr gar kein Langweiler war. Sie nannte ihn Loni. Vermutlich war er der absolute Typ. Nur die liebe Paula war zu doof um das herauszufinden. Schluss aus – ich musste aufhören darüber nachzudenken. Ich musste in die Zukunft blicken. Ich brauchte einen Plan!

Ich beschloss, erst einmal wieder in mein Fitnessstudio zu gehen. Meine Trainerin Karla, mit der ich inzwischen per DU war, begrüßte mich mit einem Lächeln. „Hi Paula, ich mache heute ein neues Programm. Bin gespannt, was du dazu sagst." Oje, ich hoffte auf meine Fitness.

Ein neues Programm bedeutete neue Muskelpartien und neuen Muskelkater. Aber mir war jetzt alles recht, Hauptsache auspowern und Luft in die Gehirnzellen pumpen. Alle Anwesenden postierten sich wieder an ihre gewohnten Plätze und Karla schaltete die Musik ein. Mein Platz war immer noch ganz hinten – noch. Wo sie nur immer diese superschwungvollen Lieder herbeibrachte? Dann ging es los, oje…. Die Übungen waren mega schnell und ich vernahm nur noch „8-7-6-5-4-3-2-1 und noch einmal 8-7-6-5-4-3-2-1, haaaaalten. Lächeln meine Damen. Wir sind alle aus Freude hier." Karla sagte das in so einem selbstverständlichen Ton, dass ich gar keine Erklärung für die Schweißwasserbäche an meinem Körper hatte. Ich kämpfte mich durch die Zählvorgänge hindurch und hoffte auf ein Ende. Aber das Ende schien nicht kommen zu wollen, so hoffte ich auf einen schnellen Tod. Der wollte auch nicht kommen, somit nahm ich dann doch recht dankbar das Ende der Trainingsstunde an. Ich schleppte mich unter die Dusche. Als ich unter dem heißen Wasser stand, fühlte es sich aber wieder richtig gut an und ich war froh, hier gewesen zu sein. Jedes Mal, wirklich jedes Mal möchte ich während der Übungen sterben und fragte mich, wofür das alles. Aber wenn es vorbei war – war es vorbei.

Die Jeans saß perfekt und ich wusste, wofür ich das tat. Außerdem war das Fitnesscenter meine kleine Oase. Ich schaffte es tatsächlich, während meines Aufenthaltes in diesem Gebäude nicht an Leonhard zu denken. Es gab Momente, in denen ich mir sogar sicher war, dass ich ihn gar nicht wieder zurückhaben wollte. Aber er gehörte in mein Leben. Ich kannte nichts anderes. Er hat mehr als die Hälfte meiner Lebenszeit mit mir verbracht. Das konnte nicht so einfach vergessen werden. Ich versuchte es damit zu vergleichen, wenn man ein altes Möbelstück weggeben würde, würde man es auch eine gewisse Zeit vermissen – aus reiner Gewohnheit. Somit wurde Leonhard in eine Art Antiquariatsstück verwandelt. Mir war durchaus bewusst, dass ich diese Art von Ansicht niemals laut aussprechen durfte. Weiter war mir klar, dass mir hier niemand helfen konnte und ich diese Lebenssituation alleine meistern musste. Somit durfte ich auch gedankliche Hilfsmittel ganz nach meinem Belieben verwenden. Ich wusste noch nicht so ganz genau, wie ich es schaffen sollte, die Lücke von Leonhard zu schließen – aber ganz allmählich war ich zumindest bereit, es zu wollen, dass die Lücke geschlossen wurde.

4

Der besagte Sonntag, an dem wir es unseren Kindern sagen wollten, war gekommen. Punkt zwei Uhr läutete es an der Tür. Leonhard stand draußen, und beim zweiten Hinsehen, Gin-Tara auch. „Wie konnte er das nur tun? Wir wollten mit unseren Töchtern reden, was hatte diese Göre dabei zu suchen?" Meine Gedanken sprachen Morddrohungen aus. Meine Begrüßung lautete: „Schön, dass ihr es einrichten konntet. Die Kinder verspäten sich, wie immer." Es gab eine kurze Begrüßung und Leonhard stammelte sowas wie „Du siehst toll aus" hervor. Dann nahm er Gin-Tara an der Hand und ging mit ihr in den Garten. Ich hatte ein halbes Vermögen für mein heutiges Aussehen investiert. Ich war beim Frisör, bei der Kosmetikerin und hatte mir eine absolut trendige Jeans gekauft. Dazu trug ich eine olivfarbene Seidenbluse mit großzügigem Ausschnitt. Wenn er das nicht mit Worten anerkannt hätte, wäre ich vermutlich Wochen danach noch am Boden zerstört gewesen. Aber so musste sich „das Kind" ein Kompliment anhören, welches ihr Loni seiner Nochehefrau machte – Triumph. Ich stand in der Küche und beobachtete die Beiden im Garten – natürlich so, dass sie mich nicht bemerkten. Er ging mit ihr in unserem Garten hin und her und schien wertvolle

Erklärungen abzugeben. Vermutlich musste sich Gin-Tara gerade anhören, in welchem Jahr der Kugelbaum von ihm höchstpersönlich gezüchtet wurde oder dass er für die Mädchen damals ein Baumhaus selbst geplant und gebaut hatte. Sie stapfte ihm hinterher und machte einen Gesichtsausdruck, der mir verriet, dass sie sowieso nicht verstand, was er da in Worte fasste. Sie kamen wieder in Richtung Haus und in Höhe des Teiches blieben sie stehen. „Wenn du diese Gans in meine Hollywoodschaukel sitzen lässt, schieße ich dich zum Mond", ging mir durch den Kopf. Diese Schaukel hatte ich mir zehn Jahre lang gewünscht und Leonhard hatte sie mir zusammen mit unseren Kindern zum Vierzigsten geschenkt. Sie war mein Heiligtum und durfte auf keinen Fall von der Frau mit Hundenamen benutzt werden. Mein Puls war bereits bei zweihundert und meine Phantasie wollte gerade mit mir auf Reisen gehen, als meine Gedanken vom erneuten Klingeln an der Türe unterbrochen wurden. Freya und Fee standen vor der Tür. „Hallo meine Süßen. Ist das schön, dass ihr endlich da seid." Ich drückte meine Kinder fest an mich. „Hallo Mama, ist alles ok mit dir? Du zitterst ja", fragte Fee. „Ja Kinder, es ist alles in Ordnung." Gab ich mit einem aufgesetzten Lächeln zurück. Die Mädchen hatten sich dieselben Sachen angezogen und beide hatten die Haare nach oben gesteckt. Sie sahen sich sehr selten. Aber wenn ein Zusammentreffen anstand, verabredeten sie immer, was anzuziehen war. Ich fand das sehr süß.

„Renoviert ihr? Hier ist alles so ausgeräumt? Wo ist denn die alte Kommode von Oma Heddy?", fragte Fee und blickte verwirrt umher. „Wo ist Paps?", fragte Freya. Die Mädchen schauten mich verwirrt an und hatten in Sekunden bemerkt, dass hier etwas faul war. Es war höchste Zeit, sie in unser Trauerspiel mit einzuweihen. Danach konnte auch ich besser damit umgehen. Bisher verlief alles hinter vorgehaltener Hand. Ich wollte auf gar keinen Fall, dass die Mädchen von jemandem Fremden erfuhren, was zu Hause los war und deshalb, hatte ich immer und überall gute Miene zum bösen Spiel gemacht. Das hatte nun auch sein Ende.

„Er ist mit Tschiiin-Tara im Garten", war meine übertriebene Antwort. „Mami, habt ihr euch endlich einen Hund gekauft? Das wurde aber auch Zeit", strahlte mich Fee an. Ja, das war meine Tochter. Ein Name - ein Gedanke. Trotz des traurigen Anlasses, verspürte ich aufkeimende Freude bezüglich Fees Bemerkung.

Vermutlich wäre es für alle Familienmitglieder besser gewesen, wenn Gin-Tara unser neues Haustier gewesen wäre. Aber ob sie sich von mir an der Leine führen lassen würde, vermochte ich zu bezweifeln. „Kinder, euer Vater hat euch etwas Wichtiges zu sagen. Bitte geht mal in den Garten zu ihm", bereitete ich meine Mädchen auf das bevorstehende Gespräch vor. „Kommst du nicht mit raus, Mama?", fragte Freya und blickte mich von der Seite an. Ich schüttelte den Kopf und ging in Richtung Wohnzimmer. Mir schnürte es mit einem Male die Kehle zu. Mein Bewusstsein gab mir Signale, dass es für die Kinder sehr schmerzlich sein würde. Wenn sich Eltern trennten, war das für die Kinder immer ein Schock. Mir war klar, dass es selbst jetzt, wo die Beiden erwachsen waren, nicht einfach zu begreifen war. Der Gedanke, dass meine Kinder traurig sein könnten, versetze mich selbst in tiefe Trauer. Aber ich konnte nichts an der Situation ändern. Oder hätte ich es verhindern können? Keine Ahnung, ich hatte ja noch nicht einmal bemerkt, ab wann es zwischen Leonhard und mir aus war. Klar, sind immer zwei Schuld, wenn etwas auseinandergeht, aber meinetwegen hätte es nicht auseinandergehen müssen. Ich war aber froh, dass es das Schicksal so lange gut gemeint hatte, solange unsere Kinder noch Kinder waren. Es wäre viel schlimmer gewesen als allein erziehende Mutter. Da hätten wir eine andere Lösung finden müssen. Heute war jeder für sein eigenes Leben verantwortlich. Es fühlte sich zumindest gerechter an. Ob es dies war – wer weiß das schon?

Die Mädchen gingen auf ihren Vater zu. „Hallo Paps." „Freya, Fee – schön, dass ihr da seid. Ich möchte euch jemanden vorstellen", begrüßte Leonhard seine Töchter und drehte sich zu Gin-Tara um. Beide Frauen starrten Gin-Tara an und erwarteten eine Erklärung. Leonhard erzählte in kurzen, sachlichen Sätzen, dass er seit zwei oder vielleicht auch schon drei Monaten nicht mehr hier wohnte, und dass er mit Gin-Tara seine Zukunft verbringen würde. Er erzählte von dem angemieteten Einfamilienhaus am Stadtrand und dass Paula darauf bestand, die Töchter zu informieren. Danach fügte er noch hinzu, dass für beide immer ein Platz in seinem neuen Zuhause sein würde. Weder Freya, noch Fee sagte ein Ton. Gin-Tara hätte tot umfallen müssen, wenn die Blicke der Mädchen Tötungskräfte besessen hätten. „Du spinnst Papa", kam es dann tatsächlich aus Fee hervor. Freya ging auf Gin-Tara zu und meinte: „Du hast noch eine Jeans von mir, die hätte ich gerne wieder." „Ihr kennt euch?", fragte der Vater erstaunt. „Kennen würde ich nicht sagen, wir teilten uns einmal ein Zimmer in der WG in München. Du weißt ja bestimmt noch, wann ich in München war. Sie hatte keine Klamotten und hat alle immer nur angeschnorrt. Danach ist sie dann in die Firma ihres Vaters gegangen und hatte vergessen, mir meine Jeans wieder zu geben. Ach, gehört ihrem Alten nicht das Krankenhaus, in dem du arbeitest? Na klar, das Puzzle fügt sich. Die will doch ihrem alten Herren bloß eine auswischen, in dem sie ihm so einen alten Knacker als Lover präsentiert und du schmeißt dafür unser Leben weg." Gin-Tara sagte nichts, zu keinem Zeitpunkt. „Kinder, jetzt streitet euch bitte nicht. Ich kaufe dir eine neue Jeans. An Hosen soll es nicht liegen. Ich möchte, dass ihr euch versteht", sortierte Leonhard die Situation. „Es geht doch hier nicht um eine Jeans! Du kapierst aber auch gar nichts. Ich hasse dich!", polterte es aus Fee heraus. „Und Mama, was wird mit ihr?", fragte Freya. „Deine Mutter ist mit unserer Trennung einverstanden. Wir sind Freunde und das werden wir immer sein", sagte Leonhard. „Ok, ich fahr jetzt zu Luis zurück. Für mich gibt es jetzt kein Wochenende mit Familie – das hier ist im Augenblick zu viel für mich. Ich brauche Zeit. Arme Mama", sagte Freya. Danach drehte sie sich um, ging schnurstracks ins Haus, umarmte mich und meinte: „Mein Vater ist ein Depp. Dich gegen so eine Dumpfbacke einzutauschen. Aber der wird schon noch aufwachen. Mama ich liebe dich. Pass auf dich auf, bitte." Ich drückte meine Tochter fest an mich und versicherte ihr, dass trotzdem alles ok war. War es das wirklich? Ich wusste es doch auch nicht. Aber ich musste für meine Kinder die Welt insofern gerade halten, dass sie sich keine Sorgen um mich machten. Es musste grauenvoll für sie sein, ihren Vater mit dieser Frau zu sehen. Vor allen Dingen, weil sie komplett ungewarnt in diese Situation hineingerutscht waren. Zwischen Leonhard und mir gab es nie Streit, zumindest nicht in dem Ausmaße, dass wir uns deswegen hätten trennen wollen. Für Freya und Fee waren wir stets eine intakte Familie. Dann kamen sie nach Hause und freuten sich auf gemütliche Stunden im Kreise der Familie, vermutlich wollten sie uns vieles über ihr eigenen Leben berichten und dann so etwas. Den eigenen Schmerz konnte ich ertragen, aber die Gewissheit, dass meinen Kindern Schmerz zugefügt würde, ertrug ich nicht. Zu dem Gefühl der Ungerechtigkeit, kam nun Hass. Nur weil dieser alte Stoffel, Frühlingsgefühle bekam, zerbrach mein Leben und das meiner Kinder. Meine Gefühle ließen sich nicht in Worte fassen, zumindest in keine Worte, die man in einem Buch abdrucken konnte, ohne später von seinen Lesern verklagt zu werden.

Freya verließ heulend das Haus.
Wenig später kam Leonhard in die Wohnung. Er hatte ein fliederfarbenes Polohemd an und eine helle ausgewaschene Jeans. Als er hier ankam, wirkte das sehr jugendlich. Das Gespräch mit seinen Töchtern ließ die Fliederfarbe jedoch an Wirkung verlieren. „War wohl ein bisschen zu viel für unsere kleine Freya", sagte er. „Nenne sie nicht unsere Kleine. Sie ist gerade einmal ein Jahr jünger als dein Betthupferl. Was hast du erwartet? Dass sie dir zujubeln und dir vor Freude um den Hals fallen?", war meine Antwort. „Nenne Gin-Tara nicht Betthupferl. Das hört sich sonst so an, als ob uns nur das Bett verbinden würde", verteidigte er sich. Ich blinzelte ihm übertrieben zu und zog es vor, unsere Unterhaltung an dieser Stelle abzubrechen. Fee stand im Garten und unterhielt sich mit Gin-Tara. Ihre Gesten verrieten mir, dass es eine angespannte Unterhaltung war. Kurz bevor sie ins Haus rannte, konnte ich noch Wortfetzen wie „Du kleine Schlampe" hören. Ich tat natürlich so, als ob ich es nicht gehört hätte. Leonhard tat dasselbe. Fee ging zielgerichtet auf ihren Vater zu: „Papa, du bist bescheuert. Dass du dich von so einer rumkriegen lässt, ist widerlich. Ich frage mich nur, was diese Kuh von

dir will. Am Geld kann es ja nicht liegen, wir haben schließlich keins. Zumindest nicht so viel wie ihr Vater. Wahrscheinlich will sie ihrem Alten nur mal eins auswischen und du bist so blöd und fällst auf die rein. Die steht auf Society-Typen und nicht auf Krankenhausbuchhalter." Mit diesen Sätzen ging sie in die Küche. Leonhard forderte Gin-Tara zum Gehen auf und verließ ohne Abschiedsgruß das Haus.

„Mama, es tut mir leid. Ich konnte jetzt nicht den Mund halten. Es ist nicht richtig, was er da tut. Er darf das nicht. Nur weil ihm diese Pute das Hirn rausvögelt", schluchzte Fee. Ich nahm sie in den Arm: „Ist doch gut, meine Süße. Aber von welchem Hirn sprichst du? Ich denke inzwischen, wenn er eins hätte, wären wir jetzt nicht in dieser Lage." Fee schaute mich an und fing an zu lachen. „Mama, du bist unmöglich. Du bist so ein toller Mensch. Der hat dich gar nicht verdient." „Siehst du, und aus diesem Grund wird die Paula jetzt ihr Leben in die Hand nehmen. Es mag sich jetzt für dich fremd anhören – aber ich freue mich auf das, was jetzt alles kommen mag. Vielleicht lerne ich ja auch jemanden kennen und falls nicht ist es auch egal. Im Gegensatz zu deinem Vater kann ich auch mit mir selbst etwas anfangen. Ich habe fast etwas Mitleid mit ihm. Was glaubst du, was eine Frau wie Gin-Tara von ihm erwarten wird? Er kann vielleicht in den ersten Monaten mithalten. Aber ich kenne doch meinen Leonhard – der bricht ihr zusammen wie ein Kartenhaus." „Genau, Mama und dann kommt er wieder heim", sagte Fee. „Bloß nicht! Denkst du, ich will ihn zurück? Nein meine Liebe", war meine Antwort. Und noch mehr als Fee war ich selbst über meinen gelassenen und selbstverständlichen Ton überrascht.

Als ich wieder alleine war, führten mich meine Gedanken noch einmal zurück zu dem Treffen meiner Kinder mit ihrem Vater. Was sagte Fee? Gin-Tara steht auf diese Society-Typen. Plötzlich konnte ich mich wieder daran erinnern, wie mir Leonhard vor etwa einem Jahr berichtete, dass die Tochter seines Chefs nun in seiner Abteilung arbeiten würde und was das für eine eingebildete und verzogene Zicke sei. Ich machte mir damals keinen Reim darauf und versuchte ihn noch damit zu beruhigen, dass er ja der Ältere und Erfahrenere von den Beiden sei, und dass es sich mit der Zeit sicherlich einspielen würde. Danach hatte Leonhard nie wieder etwas von der Cheftochter erzählt, und ich dachte, das Ganze hätte sich wieder beruhigt. Schön blöd. Ich möchte mir nur nicht vorstellen, was der erfahrene, ältere Leonhard getan hatte, um diese

Schicki-Micki-Maus rumzukriegen. Meine Mutter sagte früher schon immer zu mir: „Wenn ein Mann von einer attraktiven Frau schlecht spricht, sei vorsichtig. In Wirklichkeit fühlt er sich dann nur nicht genügend von der Person beachtet. Pass auf meine Kleine, dann lauert Gefahr!" Ich hätte nie für möglich gehalten, dass dieser so dahergesagte Spruch in meinem Leben Anwendung finden würde. Meine Mutter schien ein kluge Frau zu sein – im Gegensatz zu mir.

5

Der Herbst nahte und schenkte den Bäumen ein wunderschönes buntes Blätterkleid. Unser Garten verwandelte sich in ein rot-braun gefärbtes Landschaftsbild. Ich holte die Plane aus der Garage und machte meine Hollywoodschaukel für die kommenden Monate bereit. Die Polster würde ich wie jedes Jahr reinigen lassen und das Gestell war durch die Folie geschützt. Mit jedem Tag, der verging, wurde mein Empfinden etwas besser. Mein Leben war in keinster Weise mehr mit dem Leben von früher zu vergleichen. Dennoch sah ich es als Zugewinn. Mein Body war inzwischen ordentlich in Form gebracht. Die ganzen seelischen Strapazen ließen acht Kilos von mir abfallen. Mein Frisör verpasste mir eine sehr moderne Frisur und insgesamt fühlte es sich toll an. Meine Jahre addierten sich nun schon auf die Zahl zweiundvierzig und ab und an hörte ich immer noch dieses Tick Tack, Tick Tack. Jedoch stellte ich fest, dass es nicht mehr diesen unangenehmen Ton hatte. Es war da und ich empfand es als berechtigt. Das Haus unterlag inzwischen voll und ganz meiner Handschrift. Im Wohnzimmer hatte ich eine Wand in ziegelrot gestrichen und neue Möbel gekauft. Da meine Küche von der Einrichtung weiß war, beschloss ich die Wände dort in kiwigrün zu streichen und hing weiße Bilder auf. Die Bibliothek hatte ich nicht verändert – aber ich hatte mir einen großen bequemen Schaukelstuhl gekauft. Das war ein Jugendtraum von mir gewesen. Ich wollte schon immer in einem kuscheligen Schaukelstuhl Bücher lesen. Leonhard fand das albern. Nun war Leonhard weg und der Schaukelstuhl da. Welch eine Veränderung! Mein Schlafzimmer bestand seit genau zwei Tagen aus einem Wasserbett und einem Vier-Meter-Kleiderschrank für mich ganz alleine. Beide im Haus befindlichen Bäder sowie die Gästetoilette waren mit neuen Fliesen und Armaturen ausgestattet. Es war wunderschön. Alles neu. Neu wie mein Leben. Neu ohne Leonhard.

Ich ging vor die Tür um den Briefkasten zu leeren und mit Freude fand ich einen Brief von Freya. Sie war schon wochenlang nicht mehr zu Hause und deshalb freute ich mich um so mehr darüber.

Liebe Mum,
ich sitze hier beim Studium und muss so oft an dich denken. Geht es dir gut? Ich hoffe es so sehr. Dass du und Paps kein Paar mehr seid, ist für mich immer noch nicht zu fassen. Klar, sieht man seine Mum immer mit anderen Augen – aber

du bist wirklich so ein toller Mensch. Ich empfinde dich als schön, klug, lustig. Dann sehe ich diese Pute vor mir und frage mich, warum er dich gegen so etwas eintauscht. Sie kann dir nicht im Geringsten das Wasser reichen. Aber vielleicht bist du zu stark für ihn, wer weiß? Ich liebe dich so sehr liebe Mum und wünsche mir, dass du bald auch wieder richtig glücklich sein kannst.
Meine Gedanken sind bei dir – Bussi deine Freya.

Ach je, was machte sich meine Kleine für Gedanken? Um mich musste man sich keine Sorgen machen. Ich nahm den Telefonhörer und wählte die Nummer meiner Tochter. Leider konnte ich sie nicht erreichen und ließ ihr einen Gruß durch eine Mitbewohnerin ausrichten. Dann setzte ich mich hin, holte mein Briefpapier hervor und schrieb Folgendes:

Meine liebe Freya,
lieben Dank für deine Zeilen. Ich liebe dich auch über alles auf der Welt. Du und Fee – ihr seid mein Leben. Mit euch habe ich das größte Glück der Welt bekommen und das kann mir niemand nehmen. Mache dir bitte nicht so viele Sorgen, es geht mir wirklich gut. Mein Leben ist zwar anders als vorher – aber ich würde es in keinem

Fall als schlechter bezeichnen. Geh mit deinem Vater nicht so hart ins Gericht. Er liebt euch beide trotzdem sehr. Das hat mit der ganzen Sache gar nichts zu tun. Es gehört irgendwie in diese Zeit, dass sich Eltern scheiden lassen. Ich weiß auch nicht warum das so ist. Dein Vater wollte nicht um unsere Beziehung kämpfen, er wollte gehen. Leider konnte ich es nicht vermeiden. Ich würde mich über einen Besuch sehr freuen. Vielleicht können wir es arrangieren, dass Fee auch Zeit hat und dann machen wir uns einen schönen Frauen-Nachmittag. Was hältst du davon?
Alles Liebe – deine Mum

Ich faltete das Geschriebene und legte es in einen Umschlag. Dann entschied ich mich zu Fuß zum Postamt zu gehen. Frische Luft, würde mir bestimmt nicht schaden.

Ich arbeitete jetzt jeden Vormittag und nach Bedarf an zwei Wochentagen auch am Nachmittag. Mir machte es nichts aus, Überstunden zu machen. Zum einen bekam ich jede Stunde, die ich arbeitete, ausbezahlt und zum anderen hatte ich zu Hause sowieso nichts zu verwalten. Für mich alleine zu kochen war kein Aufwand. An den Tagen, wo ich ins Fitness-Studio ging, verzichtete ich auf eine warme Mahlzeit und ansonsten kochte ich immer so, dass es für zwei Tage ausreichte. Wäsche für eine Person – nicht nennenswert und das Putzen verlor seine ganze frühere Bedeutung. Als die Kinder noch im Haus waren und Leonhard noch hier lebte, hatte ich alle Hände voll zu tun, das Haus ordentlich zu halten, den Garten zu verwalten und die Wäsche in nicht zu großen Bergen anwachsen zu lassen. Heute räumte ich alles direkt wieder auf, wenn ich damit fertig war und einmal in der Woche wurde komplett durchgesaugt und gewischt und das war der ganze Hexenzauber. Somit gehörte ich in unserer Kanzlei zu den Damen, die gern ein paar Stunden dran hängten. Manchmal wünschte ich mir einen verantwortungsvolleren Job. Ich war „nur" Bandschreiberin. Ich machte nichts anderes, als aufgesprochene Sätze aufs Papier zu bringen. Die Arbeit war akzeptabel aber nicht unbedingt befriedigend. Wenn man Bestätigung suchte, konnte man sie als Bandschreiberin nicht finden. Es sei denn, man machte mit den Kolleginnen ein Rennen, wer die meisten Bänder schaffte. Bevor ich mit Freya und Fee schwanger wurde, war mein Ziel ein Jurastudium gewesen. Dass ich als Bandschreiberin enden würde, war nicht geplant. Ich wollte mich aber nicht beklagen – dafür hatte ich die tollsten Kinder der

Welt bekommen. Kein Job konnte das je ersetzen.

Heute hatte ich um 12 Uhr Büroschluss und am Nachmittag wollte ich mal wieder in meiner Lieblingsboutique in der Innenstadt vorbei schauen. Ich wollte mir von meinen letzten Überstunden etwas Schönes kaufen. Als kleine Belohnung sozusagen. In der Boutique waren Leonhard und ich Stammkunden und seit unserer Trennung war ich nicht mehr hingegangen. Als ich das Geschäft betrat, begrüßte mich Frau Frenzen, die Inhaberin der Boutique, sehr freundlich. Sie erkundigte sich nach meinem Befinden und bemerkte gleich, dass ich ein paar Pfunde verloren hatte. Natürlich war sie darüber informiert, dass ich von meinem Mann getrennt lebte. Das war hier in der Gegend kein Geheimnis. Die Leute taten zwar allesamt so, als sei es kein Thema aber jeder wusste Bescheid, und jeder hatte auch seine eigene Theorie dazu. Das machte mir nichts aus. Ich war auf dem Land aufgewachsen und war es somit gewohnt, dass selbst ein Stubenkater, welcher abhanden kam, in der Gemeinde erwähnt wurde. Wenn die Leute über einen redeten, war das stets ein gutes Zeichen oder aber einfach nur der Beweis dafür, dass es einen noch gab.

„Frau Füllermann, sie sehen super aus. So sportlich und jugendlich", waren ihre Worte. Das schmeichelte mir natürlich. Aber nur in Anbetracht dessen, dass ich dieses Tick Tack, Tick Tack immer noch zu vernehmen vermochte. Ich wollte in keinem Fall jugendlich wirken, nur weil Leonhard eine junge Freundin hatte. Ich wollte jugendlich sein, weil ich erst zweiundvierzig Jahre alt war, und weil mein Leben sich noch immer jung anfühlte. „Frau Frenzen, ich möchte gern ein Kleid – so etwas für den Abend. Ich suche etwas Außergewöhnliches, etwas Elegantes. Nicht zu chic aber auch nicht zu sportlich. Sie wissen, was ich meine? Meine Kleidergröße ist inzwischen die 38", sagte ich zu ihr, als ob ich einmal in der Woche solche Aufträge anweisen würde. Frau Frenzen nickte und meinte: „Gerade heute Morgen habe ich die neue Kollektion aus Italien einsortiert. Ich denke da habe ich etwas Schönes für sie." Sie führte mich zu einem Kleiderständer und in der Tat, da sprangen mich sofort zwei wunderschöne Stücke an. Ich nahm sie und verschwand in der Umkleidekabine. Ich schlüpfte in ein olivfarbenes Kleid. Ich mochte oliv. Immer wenn ich mich sicher fühlen wollte, griff ich nach dieser Farbe. Ich wusste, dass dieser Farbton zu meinem Wesen passte. Das Kleid hatte einen gewagten Ausschnitt und eine

Schulter war mit Netzstoff bedeckt, so dass man etwas von der Haut darunter erblicken konnte. An der anderen Schulter war der Stoff leicht gerafft, was dem Ganzen eine besondere Note gab. Manchmal war man auf der Suche nach „dem einen Kleid", dem ganz besonderen Kleid, und dieses hier war so ein Exemplar, das wusste ich sofort. Die Farbe betonte meine Augen, nein – sie betonte die ganze Paula. Der Stoff fiel leicht. Es fühlte sich toll an und es schrie förmlich „Kauf mich!" Ich ging im Laden umher und blickte mich in jedem Spiegel von allen Seiten an. Das Preisschild verriet mir, dass ich mich hier in einem kleinen Traum bewegte. Träume fühlten sich schon immer klasse an. „Dann musst du einmal mehr ein paar Stunden länger arbeiten, egal - aber Träume sollte man sich ermöglichen", lautete das Signal meiner inneren Stimme. Ich drehte mich und genoss das Gefühl des Stoffes, wie es an meinen Beinen streifte. Plötzlich stand Leonhard neben mir. „Hallo Paula." Ich fuhr herum, sichtlich aus meinen Gedanken und dem Spiel mit dem Kleid gerissen: „Hallo Leonhard, was machst du denn hier?", war meine etwas perplexe Antwort. Ich war auf ihn nicht vorbereitet. So, wie er mich ansah, er auch nicht auf mich. Dann hörte ich sie schon. „Loni, wo steckst du denn? Hast du die Hose gefunden?" Unglaublich, er ging mit IHR in UNSERER Boutique einkaufen. Dem war auch gar nichts heilig. „Paula, du siehst fabelhaft aus. Dieses Kleid musst du unbedingt kaufen! Es ist schön dich zu sehen", sagte er und schluckte schwer dabei. „Ja, ich werde es kaufen. Geh schnell und bringe ihr die Hose. Sie hörte sich so an, als wenn heute nicht ihr Tag wäre", antwortete ich. „Kein Tag, ist ihr Tag", sagte Leonhard und stapfte in Richtung Hosenregal, ich, wieder zurück in die Umkleide. Mein Puls war mal wieder bei zweihundert angekommen. Es war ein komisches Gefühl, das in mir wohnte. Ich war erschrocken, erfreut, erbost und gleichzeitig gönnte ich ihm diese Hosenaktion. Es entlockte mir sogar ein Grinsen. Nein, ich wollte nicht bösartig sein. Mein Naturell vereitelt diese Eigenschaft – aber hier konnte ich nicht anders. Meinen Leonhard zu sehen, wie er seiner Flamme eine Hose heraussuchen musste. Das war ihm zu unserer Zeit noch nie passiert. Nein, kein Mitleid – er wollte es so, nun sollte er es so haben. Mein Großvater sagte früher zu mir: „Liebe Paula, im Leben passieren jeden Tag sehr viele Ungerechtigkeiten und das Leben selbst sorgt jeden Tag dafür, dass diese gerecht werden." Mein Opa war ein schlauer Kerl. Ich verzichtete darauf, das zweite Kleid anzuprobieren. Bezahlte den olivfarbenen Traum, und ging mit einem zufriedenen Lächeln nach Hause. Die Gewissheit, dass hier niemand auf mich warten würde, der irgendwelche Erwartungen an mich richtete, erfüllte mich mit Dankbarkeit.

Am Anfang der Trennung hasste ich am meisten den Zustand abends alleine zu sein. Wenn man ins Bett ging und alle Lichter im Haus erloschen waren, tat die Einsamkeit fast ein bisschen weh. Nach und nach fand ich gefallen daran, keinem Mann die leeren Klorollen aufzuräumen. Manchmal dachte ich, dass es Männer gab, die meinten, dass leere Klorollen nachwachsen, wenn man sie lange genug ignorierte. Keiner lag neben mir und machte animalische Geräusche. Ich selbst konnte schnarchen und schmatzen, soviel ich wollte. Es war ja keiner da, der sich beschweren konnte. Keine Socken und Unterhosen wegräumen, weil er es einfach nie schaffte, diese in die Wäschetruhe zu werfen. Keine halb ausgedrückte Zahnpastatube. Mein Speiseplan gestaltete sich voll und ganz nach meinen Bedürfnissen. Ich war immer der Chef der Fernbedienung und mein Bügelhaufen hielt sich auch in Grenzen. Dies empfand ich als das Bonbon des Alleinlebens. Wenn ich mir die Zukunft vorstellte, konnte ich mir eine leidenschaftliche Beziehung durchaus vorstellen – aber kein zweites Leben, das so war wie das

Leben von Leonhard und mir. Ich hatte keine konkrete Vorstellung bezüglich meiner Zukunft, aber ich wusste genau, wie sie nicht sein sollte, und den Rest würde mir das Leben einfach weisen – dessen war ich mir sicher.

Manchmal sagt man ja so lapidar vor sich hin, „Noch einmal auf die Welt kommen mit dem Wissen, welches man heute hat, und alles würde besser." Ich wusste nicht so recht, ob das wirklich stimmte. Ich würde vieles in meinem Leben mit Sicherheit wieder genauso machen. Eines würde ich aber auch auf jeden Fall anders machen: Ich würde die Freundschaften zu meinen Jugendfreundinnen besser pflegen. Das Einzige was mir in meiner Situation wirklich fehlte, war eine treue, liebe Freundin, bei der ich mich ausheulen konnte. Die mich kannte und mochte so wie ich war. Aber mein Leben ließ es nicht zu, Platz für richtige Frauenfreundschaften zu lassen. Die Einzige, der ich ab und an etwas persönliches, privates anvertraute, war Sibylle. Aber sie war auch wiederum meine Kollegin – also nicht so wirklich ideal als Kummerkasten. Meine restlichen Freundinnen aus der Schulzeit hatte ich Jahre schon nicht mehr gesehen und beim letzten Klassentreffen stellte sich ziemlich schnell heraus, dass wir uns in sehr verschiedene Richtungen entwickelt hatten. Keine von ihnen wollte ich heute einfach so mal anrufen und von meinen Sorgen berichten. Es erschien mir unpassend. Vermutlich hätte es mir gut getan, mich mit Frauen auszutauschen, die in derselben Situation waren – aber vermutlich hätte ich mir nur einen wahnsinnigen Frust auf die Männer zugelegt. Betrogene Frauen können grausam sein und zum guten Schluss hätten wir herausgefunden, dass es gar keinen Mann auf diesem Planeten gab, für den es sich lohnte, morgens aufzustehen. Von dieser Theorie war ich trotz allem noch sehr weit entfernt. Ok, ich war verletzt worden, mein Herz wurde in Stücke gerissen, meine Existenz ruiniert. Dennoch glaubte ich immer noch an das Gute im Menschen. Da Männer auch Menschen sind (Oder täusche ich mich da?), glaubte ich auch an sie.

Es war ein Montagmorgen. Mein Chef, Ronald Berben, bat mich direkt nach Dienstbeginn in sein Büro. Mein erster Gedanke war, ob ich wohl irgendeinen Mist getippt hatte. Der ganze Trennungsstress machte mich ab und an auch ganz schön durcheinander. Da konnte mir der ein oder andere Fehler durchaus passieren. Aber nichts dergleichen war geschehen. Ronald Berben fasste sich in kurze Worte und bot mir ohne Umwege eine Ganztagesstelle an, und machte mich somit zu seiner Sekretärin. In kurzen sachlichen Sätzen erklärte er mir, dass ich schon so viele Jahre für ihn arbeiten würde und dass er sehr zufrieden sei. Seine Frau Maurer, die ihm eine treue Mitarbeiterin war, ginge jetzt in Rente und er würde sich wünschen, dass ich die Nachfolge antreten würde. Paula Füllermann von der Bandschreiberin zur Anwaltssekretärin. Hier ging ohne großes Tamtam ein kleiner sehnlichster Wunsch von mir in Erfüllung. Konnte mein Chef etwa Gedanken lesen? Egal - meine Gedanken jubelten. Klar, nahm ich das Angebot an. Ich hatte Zeit, brauchte das Geld und somit war ich aufgeräumt und finanziell unabhängig und bekam von ganz alleine wieder etwas mehr Verantwortung in mein Leben. Paula „Füllermann, eine Frau Anfang vierzig. Unabhängig, selbständig, frei und offen für alles, was das Leben für sie bereithielt." So lauteten die Schlagworte, die meine innere Stimme durch mein Gehirn wirbelten.

Leonhard steckte mir zwar immer noch jeden Monat einige Euro zu aber das tat er, weil er sich schuldig fühlte. Das Geld, das ich von ihm bekam, legte ich auf ein Sparbuch. Wer weiß, ob ich es vielleicht irgendwann einmal gebrauchen konnte, und falls nicht, bekämen es unsere Kinder. Als ich den Arbeitsvertrag für die

Sekretärinnenstelle unterschrieben hatte, lehnte ich seine Zahlungen ab und bat ihn stattdessen unsere Mädchen zu unterstützen, was er auch tat.

Mein Büro war fortan ein Raum mit etwa zwanzig Quadratmetern. Ein Schreibtisch stand darin und ein Aktenschrank. Ich verschönerte es mit einer Zimmerpflanze und brachte von zu Hause persönliche Dekogegenstände mit. „Frau Füllermann – Sie haben es sich hier aber sehr wohnlich gemacht", begrüßte mich mein Chef. „Guten Morgen Herr Berben, ja ich dachte mir, wenn ich jetzt schon so viele Stunden im Büro bin, muss es auch etwas von mir haben", lächelte ich ihn an und zeigte mit einer Handbewegung in Richtung Schreibtisch. „Oder ist es ihnen nicht recht, wenn ich persönliche Gegenstände im Büro habe? Dann ändere ich es selbstverständlich sofort wieder", kam es in nicht gleichmäßigen Sätzen aus mir heraus. „Es gefällt mir und ich freue mich auf unsere Zusammenarbeit. Sie sind schon so viele Jahre in meiner Kanzlei und nun ganz in meiner Nähe. Das empfinde ich als sehr schön. Sie sollen sich rundherum wohl fühlen.", antwortete er. „Danke Herr Berben, sie machen mich ganz verlegen. Ich arbeite sehr gerne für sie", war meine fast schüchterne Antwort. „Oje Paula, da müssen wir aber noch etwas an deinem Selbstvertrauen arbeiten. Du benimmst dich wie ein kleiner Teenager oder bestenfalls noch so wie ein Azubi. Du bist jetzt Anwaltssekretärin vom Boss der angesagtesten Kanzlei in der ganzen Gegend. Haltung Mädchen! Aufrecht stehen! Brust raus und mit Freude in die Zukunft blicken!", da war sie wieder, meine innere Stimme, die mich stets auf das Leben vorbereitete und die mir ständig in den Hintern trat, wenn ich nicht so funktionierte. Aber unterm Strich war ich ja sehr froh, dass ich sie hatte.

Ronald Berben legte mir eine dicke schwarze Mappe auf den Tisch und meinte: „Für heute stehen nur die Einladungen für unser Firmenfest an. Ich habe die Adressen durchgesehen, die können sie so übernehmen." „Geht klar Herr Berben, ich erledige das sofort", antwortete ich ihm. Ich war sehr bemüht meine Stimme ruhig zu halten, damit er nicht bemerkte, wie aufgeregt ich war. Mein erster Tag als Sekretärin, da wollte ich unbedingt alles richtig machen.

Nach Büroschluss ging ich in die Stadt. Ich benötigte unbedingt ein paar bürotaugliche Klamotten. Nicht, dass ich sonst schlecht gekleidet gewesen wäre – aber jetzt hatte ich das Gefühl, andere Kleidung tragen zu wollen. Ich hatte einen erfolgreichen Tag für meine

Shopping-Tour gewählt, zumindest signalisierten mir dies die acht Tragetaschen, gefüllt mit Textilien und Leder. Ich erwarb zwei Kostüme und dazu passende Handtaschen und Schuhe. Ich hatte auch eine Jeans gekauft – aber hierzu einen Blazer. Das sah sportlich elegant aus. Und für Bürotage, an denen wir keinen Besuch erwarteten, war das mit Sicherheit die richtige Garderobe. „Je Paula, was machst du dir für Gedanken?" Ach, meine innere Stimme meldete sich mal wieder. Hatte mich auch schon gewundert, wenn die zu meinen Einkäufen nicht wieder etwas zu meckern gehabt hätte. Ich fühlte mich wohl in meinen neuen Sachen und ich freute mich jeden Morgen aufs Büro. Für mich war das ein deutliches Signal von Lebensqualität. Ein neuer Tag war fortan nicht nur ein neuer Tag, sondern ab jetzt gab es neue Ziele und Herausforderungen. Ich war bereit dafür.

Inzwischen waren vier Wochen vergangen. Die Arbeit machte mir mit jedem Tag mehr Freude und ich genoss die so langsam wachsende Routine. Ronald Berben schien zufrieden mit mir und somit war ich es natürlich auch. Es war gegen 16 Uhr als Herr Berben in das Vorzimmer kam und meinte:

„Haben Sie an die Party gedacht? Ich werde Sie am Abend gegen 19.30 Uhr abholen lassen", sagte er und ohne meine Antwort abzuwarten, verließ er das Zimmer. Ich war zu der Party eingeladen??? Da hätte er aber wirklich auch schon früher einmal ein Wörtchen verlieren können. Oh Schreck, was ziehe ich an? Dann fiel mir das olivfarbene Kleid ein, und zu welchem Anlass hätte ich es tragen können, wenn nicht zu diesem? Ronald Berben war ein groß gewachsener schlanker Mann mit inzwischen komplett grauen Haaren. Früher hatte er festes braunes Haar. Ich wusste es nicht genau, aber ich schätzte ihn auf Anfang / Mitte sechzig. Die Gerüchteküche der Kanzlei verriet mir, dass er geschieden oder verwitwet war, so ganz genau wusste das niemand. Es war nur klar, dass er ohne Frau lebte und dass er einen erwachsenen Sohn hatte, der in ein paar Jahren in die Kanzlei einsteigen sollte. Nicht, dass ich mir aus Gerüchten etwas machte, aber manchmal war es der einzige Weg, an Informationen zu kommen. Herr Berben machte schon manchmal anzügliche Bemerkungen wie: „Wenn man so eine attraktive Vorzimmerdame hat, kommt man viel lieber ins Büro." Ich machte mir nie etwas daraus aber ich wusste immer, dass er mich gerne sah. Als Chef und Mensch mochte ich ihn auch sehr. Die Tatsache, dass es sich bei diesem Lebewesen um einen Mann handelte, ließ ich bisher immer außer Acht. Da konnte es noch so Tick Tack,

Tick Tack machen. Sämtliche Fakten, die daraus schließen ließen, dass er mindestens achtzehn Jahre älter war als ich – vereitelte die Mann-Frau-Frage. Dennoch schmeichelte mir der Gedanke, dass er mich zu der Party abholte, sehr. Ich konnte die Gerüchteküche schon jetzt brodeln hören – aber das war mir völlig egal.

Die Party war schon vor einem Jahr geplant worden. Die Kanzlei Ronald Berben machte alle fünf Jahre ein großes Fest. Da wurden immer alle positiven Veränderungen, Ehrungen, Verabschiedungen usw. gefeiert. Wichtige Klienten wurden eingeladen. Es war für jeden geladenen Gast eine Ehre dabei sein zu dürfen. Das letzte Fest erlebte ich gemeinsam mit Leonhard. Das „Personal" wurde damals in eine Art Nebenraum eingeladen. Es wird eine neue Erfahrung für mich werden, auf solchen Veranstaltungen alleine zu sein. Wobei alleine war hier natürlich aus meiner Sicht maßlos übertrieben. Ich war nicht alleine. Mein Chef und alle Kollegen werden da sein. Wobei meine Kolleginnen vom Bandschreiben in dem Nebenraum saßen und ich war nun bei den „Hauptgästen." Premium, VIP oder so. Ich versuchte meine Nervosität in den Griff zu gekommen. Ein Blick in den Spiegel und ich sah eine attraktive Frau mit hochgesteckten Haaren, dezent geschminkt und das Kleid, als ob es als einzige Aufgabe gehabt hätte, Paula Füllermann an diesem Abend zu begleiten – es war ein Traum. „Ja, Paula Füllermann das bist du, das ist dein Leben und du solltest es genießen!" Dieser Aufruf kam aus der Zentrale meines Kopfes und ich begann mich auf einen schönen Abend zu freuen.

Pünktlich um 19.30 Uhr fuhr eine schwarze Limousine vor und mein Chef stieg aus. Er holte mich wirklich persönlich ab? Ich spürte das Gefühl von Überraschung in mir hochsteigen. Er trug einen schwarzen Frack und ging langsamen Schrittes auf meine Haustüre zu. Ich wartete den Klingelton ab und öffnete ihm, griff nach meinem Mantel und der Handtasche und ließ mich zum Wagen führen. Er öffnete mir die Autotür und ich genoss es, von einem Mann mit Manieren ausgeführt zu werden. „Frau Füllermann, sie sehen bezaubernd aus. Das Kleid steht ihnen ausgezeichnet", diese Worte sprach Ronald Berben und deutete einen Handkuss an. „Herr Berben, ich danke ihnen jetzt schon für einen wunderschönen Abend. Ich freue mich sehr, dass sie mich eingeladen haben", gab ich zurück. „Ich bitte sie, es wäre eine Sünde, so eine schöne Frau nicht auf meine Party einzuladen", diese Worte kamen mit einem spitzbübischen

Grinsen und einem Augenzwinkern aus seinem Munde. Die weitere Konversation im Wagen beschränkte sich auf Höflichkeitsfloskeln. Wir sprachen über das Wetter, die unmöglichen Baustellen in der Stadt – das Übliche eben.

Auf der Party angekommen, wurden wir bereits erwartet. Mein Gott, waren da viele Leute! Ein sehr großer Saal mit hunderten von Kronleuchtern. Natürlich waren das nicht so viele, es schien mir nur beim Anblick der vielen funkelnden Lichter so, als ob es hunderte gewesen wären. Ronald Berben bot mir seinen Arm und begrüßte mit mir an seiner Seite ein paar der Gäste. Einige davon dachten mit Sicherheit, dass ich seine Freundin wäre. Mich störte der Gedanke nicht. Manche dachten: Die will sich den Alten wegen seiner Kohle angeln. Diese Leute lächelte ich besonders nett an und machte mir meinen Spaß daraus. Egal, in welcher Schicht die Menschen lebten, sie lebten alle mit Geläster und Geschwätz und das machte das Ganze auch immer besonders interessant. Ich selbst hatte mir noch nie besonders viel aus irgendwelchem Gerede gemacht und es war mir gleichgültig, wer sich an diesem Abend welche Geschichte zu Ronald Berben und Paula Füllermann ausdachte. Ich selbst wusste ja, dass ich „nur" die Sekretärin war.

Alle Gäste saßen im ganzen Saal verteilt an runden Tischen. An jeden Tisch passten etwa zehn Personen. Die Tische waren mit weißen Tischdecken und wundervollen Blumen-Arrangements geschmückt. Silberne Kerzenleuchter und Kristallgläser verliehen dem ganzen Ambiente Stil und Eleganz. Ich fühlte mich sehr wohl hier. Ich saß neben meinem Chef und bei uns saßen sehr wichtige Leute, wie unser Bürgermeister, Oberstudienräte, Rechtsanwalts-kollegen usw. Das Essen war ein einziges Gedicht. Der Gedanke, die ganze kommende Woche im Fitnesscenter ackern zu müssen, ließ mich das Kulinarium genießen. Der Abend war voll gespickt mit Programmpunkten. Eine Rede folgte nach der anderen. Musikprogramm, Gesangseinlagen, Ehrungen usw. ließen den Abend in einer Kurzweil vergehen.

Es war so gegen 23 Uhr als ein gut aussehender Mann an unseren Tisch trat und meinte: „Guten Abend Papa, möchtest du mir diese bildschöne Frau nicht auch einmal vorstellen?" Herr Berben erhob sich erfreut und nahm den Mann in den Arm. „Junge, endlich bist du da. Mensch freue ich mich, dass du es einrichten konntest heute zu kommen. Darf ich dir meine Sekretärin, Frau Paula Füllermann vorstellen?", und deutete in meine Richtung. Er nahm meine Hand und sagte: „Sehr angenehm, ich bin Gernot Berben. Der ständig vermisste Sohn." Ich lächelte ihn an und erwiderte den Gruß. Gernot Berben setzte sich an unseren Tisch. Ich spürte, wie mit einem Mal die gesamte Aufmerksamkeit der Gäste an unserem Tisch weilte. Die Anwesenheit des Chef-Sohnes hatte ganz schön für Aufregung gesorgt. Ich versuchte mein Hirn nach irgendwelchen Informationen abzufragen. Waren mir jemals Gerüchte über Gernot Berben zu Ohren gekommen? Ich konnte mich auf die Schnelle an nichts Wesentliches erinnern. Dies war für mich Allianz genug, um mich auf sein Dasein ohne Vorbehalte einzulassen. Wenn es etwas Dramatisches über ihn gegeben hätte, wüsste ich es. Nur, dass ich so rein gar nichts über ihn wusste, empfand ich als merkwürdig, wollte aber jetzt und hier keinen Gedanken darüber verschwenden und beschloss, seine Anwesenheit zu genießen. Schnell waren unkomplizierte Gespräche im Gange und der Verlauf des Abends war sehr angenehm und unterhaltsam. Wie lange war es her, dass ich mich so unbeschwert gefühlt hatte? Es war ein Abend unter lauter netten Menschen und mir fehlte nichts, noch nicht einmal Leonhard. „Frau Füllermann, würden sie mir diesen Tanz schenken?", forderte mich Gernot Berben auf und riss mich aus meinen Gedanken. „Oje, Herr Berben, sie werden enttäuscht sein. Ich habe schon Jahrzehnte nicht mehr getanzt. Sie werden einen Termin beim Orthopäden benötigen, wenn wir fertig sind", versuchte ich ihm einen charmanten Korb zu verpassen. „Das ist mir die Sache wert. So schlimm wird es nicht werden. Man sagt mir nach, dass ich gut führen kann." Er lächelte mich an und mir war klar, hier konnte ich nicht umher. Aus der Nummer kam ich nicht mehr heraus.

Gemeinsam schritten wir zur Tanzfläche. Dort angekommen, legte er meine Hand in die Seine und den Arm um meine Hüften. Ein leichter Schauer umhüllte mich. Mein Gott, war ich schon so lange einsam und alleine, dass mich die bloße Berührung eines gutaussehenden Herrn zum Schauern brachte? Ok, gutaussehend war ja auch ordentlich untertrieben. Er hätte ein Bruder von Ralf Bauer sein können. Mit diesen blauen Augen, diesen breiten Schultern und ….. „Paula bleib ganz locker und lass dir nichts anmerken", ermahnten mich meine Gedanken. Er führte mich über das Parkett und es kam einem Schweben gleich. Es fühlte sich toll an. Er roch gut und er sendete Signale, die ich im Moment noch nicht richtig deuten konnte. „Paula, reiß dich zusammen!!! Du bist zweiundvierzig Jahre alt und dieser schmarte Bursche liegt bei dreißig bis

77

fünfunddreißig Jahren", meine Gedanken meldeten ALARM!

„Der Stoff ihres Kleides ist beeindruckend. Es fühlt sich himmlisch schön an sie festzuhalten", sagte er leise. Mir wurde heiß. Paula war in Gefahr!!!! Soviel war mir jetzt bereits klar. Ich verzichtete auf jegliche Konversation und war sehr bemüht, diesem „Objekt der Begierde" nicht in die Augen zu sehen. „Von mir aus müsste dieses Lied nie enden, dann müsste ich sie unendlich in meinen Armen halten", sagte er und hob mit seiner Hand mein Kinn nach oben, damit ich ihn ansehen musste. Mit war heiß, sowas von heiß. Sagen konnte ich nichts – die einzige Geste war ein Lächeln. Wir tanzten zu sehr rhythmischen Klängen und Gernot Berben war ein begnadeter Tänzer. Es machte richtig Spaß mit ihm über das Parkett zu hüpfen.

Als die Musik zu Ende war, begleitete er mich zu meinem Platz. Diesmal setzte er sich aber direkt neben mich. „Wie lange arbeiten sie schon für meinen Vater?", begann er das Gespräch. „Ich bin seit sieben Jahren in der Kanzlei und seit vier Wochen im Sekretariat ihres Vaters. Vorher hatte ich einen Job als Bandschreiberin und den nur halbtags", antwortete ich verlegen. Ich kam mir mit einem Male so beschämend vor, als Bandschreiberin gearbeitet zu haben. War es doch jahreslang meine Aufgabe – jetzt kam ich mir lächerlich vor. Er blickte mir lange in die Augen. „Sie sind mir heute Abend sofort aufgefallen. Warum habe ich sie nie in der Kanzlei gesehen?" „Keine Ahnung, ich habe sie ja vorher auch noch nie gesehen. Vermutlich hatten wir unterschiedliche Zeiten." Er lächelte, nickte mir zu und hob sein Rotweinglas. „Lassen sie uns einen Tost aussprechen auf diesen wunderschönen Abend und ihre umwerfenden Augen", sagte er beschwingt und schob sein Glas in meine Richtung. Ich griff nach meinem Glas und das Kristall berührte sich. Sein Blick war gnadenlos. Meine Gedanken machten Überstunden im Ermahnen. Ich hörte in mir immer nur: „Achtung, aufpassen, gefährlich, Finger weg! Paula vergiß das Atmen nicht!" Diese Worte kamen in einer Schleife durch meinen Kopf. Klar, war ich eine Frau die genau wusste, dass so ein Mann diese Floskeln pausenlos anwendete. Vermutlich machte es ihm Spaß mit anzusehen, wie er eine Anfang-Vierzigerin um den Finger wickeln konnte. Egal, worum der mich wickeln wollte – es war schön. Warum sollte ich es nicht einfach genießen?

Es war halb vier in der Früh und ich vermochte meinen Bettzipfel zu spüren. Gernot Berben tanzte mit seiner Großmutter (Donner Wetter, die

Oma war aber fit!), und das Nebenzimmer hatte sich auch schon bis auf den harten Kern geleert. Ich ging zu meinem Chef und sagte: „Herr Berben, ich rufe mir ein Taxi. Lieben Dank für die Einladung und den wunderschönen Abend. Aber ich muss nun in mein Bett." „Frau Füllermann, Gernot wollte auch fahren. Der soll sie nach Hause bringen. Sie brauchen doch kein Taxi", meinte mein Chef zurück. Schon stand Gernot Berben neben mir und bot mir seinen Arm. „Darf ich bitten, gnädige Frau? Ich bin heute Nacht ihr persönlicher Heimbringdienst", scherzte er. „Macht es ihnen wirklich nichts aus? Sie haben doch auch schon ein bis zwei Gläser Rotwein getrunken", war mein kleiner und sehr vorsichtiger Einwand. „Glauben sie mir, das geht schon in Ordnung. Ich bin jetzt siebenunddreißig Jahre alt und kann sehr gut entscheiden, wann ich noch fahren kann, und wann ich den Wagen besser stehen lasse. Und heute kann ich noch fahren, ohne dass mir ein Wachmann zu Leibe rücken könnte", erklärte er in ernstem Ton. „So Paula, nun weißt du auch, wie alt der Knabe ist", kamen wieder meine Gedanken zu Wort. Und die Rechenmaschine bestätige, Paula ist fünf Jahre älter. Nur fünf Jahre! Ich musste mir eingestehen, dass es mich sehr freute, dass ausgerechnet Gernot Berben mich nach Hause brachte. Ich war nicht auf ihn gefasst. Ich kannte ihn nur aus Erzählungen und die waren nie so, dass er in irgendeiner Art mein Interesse geweckt hätte. Aber hier und heute Abend hatte er sehr viel geweckt. Gernot meinte noch zu seinem Vater: „Du solltest so langsam mal gucken, dass die Oma nach Hause kommt. Sie tanzt schon seit Stunden ohne Pause. Nicht, dass wir noch einen Arzt brauchen." „Mache, ich mein Sohn, mache ich", gab sein Vater zurück. Die Herren lächelten sich zu und Ronald Berben hob die Hand zum Abschiedsgruss. Gemeinsam verließen wir den Ballsaal. Manche Blicke konnten wir bis zur Ausgangstüre spüren. Die Gerüchteküche musste überkochen. „Erst wird die Füllermann befördert. Dann kommt die mit dem Alten zum Fest und angelt sich den Jungen." Der Gedanke entlockte mir ein Lächeln. „Geht es ihnen gut? Sie sehen so zufrieden aus?", erkundigte sich Gernot. „Danke, mir geht es prima", gab ich zur Antwort. Im Gegensatz zum Vater ließ mich der junge Berben selbst die Autotüre öffnen. Naja - das ist die heutige Zeit, dachte ich mir und stieg in die Nobelkarosse. Fast wortlos saßen wir in seinem Wagen. Er fuhr einen 911er Porsche in Weiß. Ich fühlte mich wie Anfang zwanzig, jedoch Anfang zwanzig mit einem ordentlichen Schwips. Ja, liebe innere Stimme, du brauchst erst gar nicht damit anzufangen, mit mir zu schimpfen. Ich weiß, dass ich zu viel getrunken habe und ja, ich weiß auch, dass ich es nicht vertrage. Und ich weiß weiter, dass ich mit einem verdammt gutaussehenden, super gefährlichen Typen im Auto sitze. Na und? Lass mich einfach jetzt in Ruhe, ich sitze hier nämlich neben dem tollsten Mann auf diesem Planeten – führte ich ein persönliches Gespräch mit mir selbst.

6

Am nächsten Morgen erwachte ich und dieses
Tick Tack, Tick Tack bestätigte mir, dass
Anfang zwanzig schon sehr lange vorbei war.
Leichte Übelkeit, vermischt mit Kopfschmerzen
und Unwohlsein vermochte die Realität sehr
abrupt an mich heranzutragen. „Guten Morgen
schöne Frau!" Ich fuhr herum und mit großem
Schreck sah ich Gernot Berben neben mir im
Bett. Automatisch zog ich meine Bettdecke bis
zu den Ohren. Ich fühlte, dass ich unter dieser
Bettdecke nackt war. Sein Oberkörper verriet
dieselben Anzeichen. In meinem Kopf drehten
sich die Gedanken. Ich versuchte zu sortieren –
jedoch kam nur noch mehr Chaos dazu. Gernot
sah mir meine Unbeholfenheit an und entschärfte
die Situation. „Hey, komm mal her. Wir haben
nur gekuschelt. Wir hatten keinen Sex. Ich hatte
dich nach Hause gebracht und du warst so
traurig, weil du allein warst. Dann bin ich mit
rein und wir haben noch ein wenig getanzt, weil
wir es beide als unglaublich schön empfanden.
Dann haben wir unsere Sachen ausgezogen, sind
unter die Bettdecke geschlüpft und Arm in Arm
eingeschlafen. Es ist nichts passiert, für das du
dich schämen müsstest", sagte er. Ich spürte die
Röte in meinem Gesicht und versuchte die Lage
einzuordnen. „Es ist mir unwahrscheinlich

peinlich. Das alles hier. Wir kennen uns doch überhaupt nicht und ich bin doch viel zu alt für sie, ähm dich", stammelte ich hervor. Gernot kam wie selbstverständlich näher zu mir heran, nahm mich in den Arm und sagte: „Oh Gott, bist du süß. Paula, du bist etwas Einzigartiges! Ich wusste das beim ersten Anblick. Ich habe mich sofort zu dir hingezogen gefühlt und alles wirklich alles fühlt sich toll an, in deiner Nähe."
„Bitte, ich habe so etwas noch nie gemacht. Ich lebe seit Monaten von meinem Mann getrennt. Ich weiß gar nicht mehr wie es funktioniert. Ich ich….., stammelte ich vor mich hin. Meine Augen füllten sich mit Tränen. Gernot nahm mein Gesicht in seine Hände und gab mir sehr behutsam einen Kuss auf die Nasenspitze. „Glaub mir, es ist alles in bester Ordnung", versuchte er mich zu besänftigen. „Mach dir bitte keine Sorgen", versuchte er nochmals auf mich einzureden. „Du musst ja fürchterlich schlecht über mich denken. Wir haben uns vor ein paar Stunden erst kennengelernt und nun liegen wir nackt in meinem Bett. Ich bin kein Flittchen oder so eine, die das ständig macht", kam sehr unbeholfen aus meinem Munde. „Paula, glaube mir, ich kenne die Mädels, die das ständig machen und ich kann sehr gut unterscheiden und weiß genau, dass du nicht so bist. Du bist für mich ein Goldschatz. Ich habe dich gesehen und

wusste, dass ich dich kennenlernen musste. Verstehst du? Ich musste dich kennen lernen!" So wie er das sagte, klang es wie die normalste Sache auf der ganzen Welt.

Ich schaute mich in meinem Schlafzimmer um. Mein schönes Kleid lag quer auf der Kommode, seine Sachen lagen auf dem Boden. War da wirklich nichts passiert? Also wenn ich von draußen in diesen Raum kommen würde, würde ich ganz andere Schlüsse ziehen. So blieb mir nur eins – den Worten von Gernot Berben Glauben zu schenken.

Es war ein Traum. Es musste ein Traum gewesen sein, weil so etwas im echten Leben nicht passieren konnte. Niemals nie hätte ich daran geglaubt, dass ich – Paula so einen tollen Mann bekommen könnte. Klar, geträumt habe ich von so etwas schon – aber die Realität ist im Leben doch immer anders als die Träume. Ich war unbeholfen, verunsichert und mein Gehirn drohte überzulaufen. Zu viele Informationen huschten auf einmal durch meinen Kopf. Ich konnte es nicht zuordnen und wusste nicht, ob es nun wirklich ok war.

Gernot kam erneut auf mich zu und gab mir einen unglaublich zärtlichen Kuss. Ich ließ es geschehen. Es fühlte sich gut an – sehr gut. Etwas was sich so toll anfühlte, konnte doch nicht schlecht sein – oder? Der Kuss wurde leidenschaftlicher und unsere Körper kamen sich näher und näher, bis sie irgendwann ganz miteinander verschmolzen. Es war wie ein Kilo Zuckerwatte essen, wie Karussell fahren, wie Fallschirmspringen. Alles drehte sich und ich verspürte zum allerersten Mal in meinem Leben, was es bedeutete, mit einem Mann zum Höhepunkt zu kommen. Es war berauschend und er war unglaublich zärtlich. Mein einziger Vergleich war Leonhard und das war ab sofort kein Vergleich mehr. Das hier trennte Welten von Leonhard. Ich konnte es nicht fassen. Danach lagen wir eng umschlungen und wortlos im Bett. „Paula was tust du da?", fragte mich meine innere Stimme. Ach ist doch egal, es ist toll, war meine Antwort. Ich erkannte mich selbst nicht mehr.

Wie lange wir ohne ein Wort zu sprechen im Bett gelegen hatten, konnte ich nicht sagen. Auf jeden Fall musste ich eingeschlafen sein. Als ich aufwachte, war Gernot weg. Mein erster Gedanke war: wie in einem mega schlechten Film. Meine Augen suchten das Kopfkissen nach einem kleinen Notizzettel ab. So machten das die Kerle doch – sie schrieben danach kleine Notizzettel oder legten Rosen auf das

Kopfkissen. Hier war aber nichts. Mein nächster Gedanke war: wir hatten kein Kondom benutzt. Paula, wie doof kann eine Frau in deinem Alter sein? Du kennst ihn nicht, schläfst mit ihm und benutzt kein Kondom! Gut machen wir uns nichts vor, wo hätte ich eins her haben sollen? An alles in meinem Leben hatte ich gedacht aber mit Sicherheit nicht, dass ich in Kürze mit einem Supermann Sex haben würde. Er hätte dran denken müssen! Warum soll immer die Frau an Verhütung denken? Mein Gott, war das unvernünftig! Als ich damals meine Zwillinge aufgeklärt hatte, mussten die sich stundenlange Moralpredigten zum Thema Verhütung, Aids, Geschlechtskrankheiten anhören. Und was machte ich? Ohne Worte.

Hatte ich das jetzt wirklich erlebt oder hatte ich zu viel getrunken? „Paula, Paula – du bist mir eine. Angelst dir den Sohn deines Chefs. Fünf Jahre jünger – sauber. Jetzt ist er weg. Sexuell befriedigt und weg." Meine Gedanken schienen sich in der Ironie zu baden.

Langsam stieg ich aus meinem Bett und beschloss erst einmal eine heiße Dusche zu nehmen. Ich war wackelig auf den Beinen – kein Wunder, nach dieser Nacht oder besser gesagt, nach diesem Morgen.

Als ich aus der Dusche stieg und die erste Tasse Kaffee ihre Wirkung zeigte, versuchte ich meine Gedanken und Gefühle zu sortieren. Zum Ende des Sortiervorganges war ich jedoch nicht gekommen, weil es an der Tür läutete. Ich öffnete und mir streckte sich ein riesiger Strauß roter Rosen entgegen. Soviel zu meinem Klischee, nur der Zettel fehlte. Dahinter ein bis hinter beide Ohren lächelndes Gesicht, das zu Gernot Berben gehörte. Ich trat einen Schritt zur Seite und bat ihn herein. Er stellte die Rosen ins Spülbecken in der Küche und kam direkt wieder auf mich zu. „Ich war nur kurz weg – aber ich hatte sofort wieder Sehnsucht nach dir", waren seine Worte. „Glaubst du an Liebe auf den ersten Blick?", fragte er. Ich schüttelte mit dem Kopf und sagte: „Nein, eigentlich nicht. Ich hatte schon total aufgegeben, an die Liebe überhaupt zu glauben." Er nahm mich in den Arm, wieder ein leidenschaftlicher Kuss und wieder landeten wir direkt im Bett. Ich war wie ferngesteuert, konnte mich nicht wehren, wollte mich nicht wehren. Wollte mehr, immer mehr von diesem Rausch. Nicht darüber nachdenken, einfach tun, jetzt hier mit ihm ...

Es fühlte sich unvorstellbar gut an. Dennoch hauchte mir mein Verstand ein schlechtes

Gewissen ein. Die Vernunft appellierte und brachte Gründe wie das Alter oder die Position zum Chef hervor. Den Ehering hatte ich zwar schon seit einiger Zeit abgelegt – aber auch Leonhard kam in den Aufzählungen meines Gewissens vor. Berechtigt oder nicht, sei mit der Moral zu vereinbaren. Wir hatten kein Kondom benutzt. Mal von allen Krankheiten abgesehen, was wenn wir hier nun eine kleine Paula oder einen kleinen Gernot gezeugt hatten? Mir musste niemand erklären, wie das mit dem Schwanger-werden ging. Schließlich bekam ich nicht ohne Grund unsere Zwillinge in sehr frühen Jahren.

Ich wusste, dass ich mit Gernot über die Situation reden musste – jedoch wusste ich auch, dass ich die Situation einfach mal eine „kleine Ewigkeit" lange genießen könnte, bevor ich ihr Abbitte leistete. Wenn man im Restaurant ein fertig zubereitetes Filetstück serviert bekam, ließ man dies schließlich auch nicht zurückgehen mit dem Einwand, dass man auf Diät sei. Ich wusste, dass dieser Vergleich blöd war. Aber die Paula musste sich vor der Paula rechtfertigen.

Montagmorgen. Als ich im Büro ankam, war zum Glück noch niemand da. Mein Wochenende verlief wie noch kein vergleichbares Wochenende zuvor in meinem ganzen Leben.

Ich strahlte wie ein kleines Glühwürmchen. Stets mit dem Bewusstsein, dass alles vergänglich war. Gegen 9 Uhr kam Ronald Berben ins Büro. „Guten Morgen meine Liebe. Na, wie war das Wochenende? Hat sie mein Sohn unversehrt nach Hause gebracht?", war seine Begrüßung. Ich entgegnete ein fröhliches „Guten Morgen" zurück und verzichtete auf jegliche weitere Ausführungen. Dann brachte ich Herrn Berben seinen Kaffee und die Tageszeitung. Das wollte er morgens so und für mich war es eine Wohltat, dass er sich hinter den großen Zeitungsblättern versteckte. Ich wollte mir gar nicht ausmalen, wie er reagieren würde, wenn er von Gernot und mir erfuhr. Eins war mir allerdings klar, er sah mich nicht in der Rolle der Schwiegertochter, eher in der Rolle seiner Begleitung, wie immer die aussehen könnte. Ich machte mich an meine Arbeit. Obwohl mir dies an diesem Montag extrem schwer fiel, zwang ich mich zu mehr Disziplin.

Das Telefon läutete und Leonhard war am Apparat. „Hallo Paula, wie geht es dir? Können wir uns treffen? Ich bräuchte einen vertrauten Menschen zum Reden", hörte ich ihn sagen. „Leonhard, ist etwas passiert? Du hörst dich so niedergeschlagen an", war meine Antwort. Leonhard schilderte mir in kurzen Sätzen, dass er jeden Tag die komplette Wohnung staubsaugen müsse und Gin-Tara sein ganzes Geld für irgendwelchen Mode-Schnickschnack verplempern würde. Und wenn sie zwei Tage hintereinander nicht miteinander schliefen, würde sie direkt seine Liebe anzweifeln. Er bat mich darum, ein bis zwei Nächte bei mir übernachten zu dürfen, weil er so dringend seinen Schlaf brauchen würde. Wieder bestätigte es sich, dass ich ihn doch sehr gut kannte. Wie klar war es mir, dass er mit diesem jungen Ding nicht lange klarkommen würde? Diese Frau hatte gerade einmal begonnen zu leben und Leonhard war schon in der Mitte seines Daseins angelangt. Das konnte nur so kommen. Er tat mir leid. Dennoch konnte ich seine Sätze des Vorwurfes noch genau hören: „Paula, du solltest dringend selbständiger werden. Mach etwas aus deinem Leben", sagte er damals direkt nach: „Ich habe mich in Gin-Tara verliebt." Jetzt musste ich handeln. Es war gemein, aber das Ass lag in meiner Hand. Ich erklärte ihm in genauso kurzen Sätzen, dass dies im Moment ganz schlecht sei, weil ich ganz neu und aktuell einen Liebhaber hätte und er da nur stören würde. Weiter erklärte ich ihm, dass man nicht gleich aufgeben dürfe, nur weil einmal ein kleiner Sturm im Anmarsch sei und es mit Sicherheit nicht gut wäre, ausgerechnet bei der Noch-Ehefrau Unterschlupf zu suchen. Leonhard war geschockt und die Tatsache, dass er mir keine Liebschaft zutraute, verletzte mich etwas. Aber insgeheim war es ein Gefühl des Triumphes, welches sich über die Gesamtsituation stülpte.

Zwei Telefonate später erfuhr ich von Fee, dass ihr Vater für ein paar Tage zu ihr ziehen würde, weil es mit Gin-Tara wohl nicht so gut laufen würde. Fee hoffte die ganzen Monate, dass wir wieder zusammenfinden würden. Aber das hoffen Kinder von Scheidungseltern ihr ganzes Leben. Die Kinder können ja auch nichts dafür. Sie lieben beide und wurden ungefragt gezeugt. Da ist es doch normal, dass sie sich ihre Erzeuger gerne zusammen wünschen.

Mir war aber inzwischen klar geworden, dass ich nie wieder mit Leonhard zusammen sein konnte. Egal, was mit Gernot und mir noch passieren würde – die Ära Leonhard war Geschichte. Ok, am Anfang unserer Trennung wollte ich ihn schon wieder zurück. Da wusste ich aber auch noch nicht, dass es wundervolle andere Männer für mich gab. Ich ahnte es noch nicht einmal und nun? Nun konnte ich alles, nur Leonhard zurück nehmen, ganz bestimmt nicht. Mein neues Leben sollte daraus bestehen, meine Kinder regelmäßig zu sehen, einen guten Job zu machen, mein

Fitnesscenter aufzusuchen und die dann übrig bleibende Zeit so angenehm wie möglich und falls es geht, mit Gernot zu verbringen. Meine innere Stimme gab natürlich ihren Senf dazu: „Denke immer daran, liebe Paula, du konntest das Tick Tack, Tick Tack schon sehr deutlich höre, vergiss das nicht!" Ach egal, von mir aus konnte es so oft und laut Tick Tack, Tick Tack machen wie es wollte, ich freute mich auf das was alles kommen mochte.

Am Abend ging ich zuerst ins Fitnesscenter. Es war mal wieder Zeit für 8-7-6-5-4-3-2-1 und acht mehr. Ich hätte niemals vermutet, dass mir diese Zählerei einmal fehlen könnte. Ich glaubte, ich war inzwischen ein Junkie im Achterbereich. Mein Körper schrie nach Auspowern und meine Gedanken mussten Flügel bekommen. Ich hatte das Gefühl in einem Formel 1 Wagen zu sitzen und einer hatte das Steuerrad ausgebaut. Es war spannend und gleichzeitig machte es mir Angst. Bat ich Leonhard einst darum, unser Leben auf den Kopf zu stellen, noch einmal durchzustarten. Jetzt war ich neu gestartet und es konnte nicht in Worte gefasst werden, was es in mir auslöste. Ich wollte es festhalten. Mit dem Bewusstsein, dass man nichts im Leben festhalten konnte, nahm ich mir zumindest vor, jede einzelne Sekunde zu genießen. Sollte es jemals wieder vorbei gehen, wollte ich mich daran erinnern können.

Zu Hause angekommen, ließ ich mir meine Badewanne einlaufen, zündete ein paar Kerzen an, und schaltete Entspannungsmusik ein. Gerade als ich in die Wanne steigen wollte, läutete es an der Tür. Ich hoffte, dass jetzt nicht Leonhard da draußen stand, und war erfreut, dass es Gernot war. „Hallo schöne Frau, warum rufst du mich nicht an?", kam eine kurze Anklage. „Hatte ich gesagt, dass ich anrufe?", fragte ich. „Sagen wir mal so, ich hatte es gehofft. Angesichts dessen, dass du im Vorzimmer meines Vaters arbeitest, wollte ich nicht anrufen und hoffte darauf, dass du es tun würdest. Aber so wie es aussieht, hast du mich noch nicht einmal vermisst", er zeigte auf die mit Schaum gefüllte Badewanne. Dann kam er auf mich zu, öffnete meinen Bademantel und begann mich zu küssen. Überall. Erst im Gesicht, dann am Hals, herunter zum Dekolleté, zu den Brüsten, zum Bauch ...., während der Kussaktion entledigte er sich seiner Kleidung und hob mich sanft in die Wanne. Unmerklich später setzte er sich zu mir. Seine Hände verteilten den Badeschaum auf meinem ganzen Körper. Ich stöhnte auf. Ein wohliges Gefühl der Leidenschaft überkam mich und ich stimmte in seine Spielereien mit ein. Als das Badewasser allmählich erkaltete, ließen wir es ablaufen. Trockneten uns gegenseitig ab, pusteten die Kerzen aus und verzogen uns ins Schlafzimmer. Dort ging das Liebesspiel weiter. Ich konnte meine Empfindungen, die dieser Mann in mir weckte, nicht begreifen, aber ich war dankbar dafür, dass er es schaffte, dieses Feuer in mir zu entzünden. Nach einiger Zeit lagen wir erschöpft auf dem Bett. Gernot meinte: „Paula du bist eine faszinierende Frau. Ich danke dir!" Ich setzte mich auf. „Gernot, was meinst du wird das mit uns werden? Ist das eine Bettgeschichte, eine leidenschaftliche Affäre, bin ich eine weitere Erfahrung in deinem Leben?" „Paula, was denkst du? Ich bin verliebt in dich – nein viel mehr ich liebe dich! Ich wünsche mir, dass wir zusammenbleiben! Klar, hatte ich schon sehr viele Freundinnen und ich bin mir meines Rufes durchaus bewusst, aber das mit dir ist etwas völlig anderes. Ich habe noch nie für eine Frau so empfunden wie für dich." Gernot sagte diese Worte in sehr ernstem Ton. Auf der einen Seite freute ich mich über das Gesagte, auf der anderen Seite waren da wieder einmal meine Gedanken, meine Bedenken und Ängste, mein immer wieder auftretendes Tick Tack, Tick Tack. „Gernot, ich kann dir keine Kinder mehr schenken. Ich bin zweiundvierzig Jahre alt. Eines

Morgens wirst du aufwachen und dir eine jüngere, attraktivere Frau wünschen, die dir Kinder schenken kann. Ich habe zwei erwachsene Töchter und der Zug mit dem Kinderkriegen ist deutlich draußen, zumindest bin ich nicht mehr bereit, heute noch Kinder zu kriegen", waren meine vorgetragenen Bedenken. „Meine liebe Paula, ich kann auf alles in meinem Leben verzichten, wenn du mir versprichst, dass wir zusammenbleiben. Alles andere ist mir egal. Glaube mir, das Thema Kinderkriegen wird und wurde schon immer viel zu dramatisch gewertet. Die Erfahrung habe ich leider auch schon machen müssen", diese Worte sagte er wieder in sehr ernstem Ton.

Es war sehr schön, was er da zu mir sagte. Hoffentlich waren diese Aussagen auch noch standhaft, wenn die erste Verliebtheit vorbei ging und wenn das erste zehn Jahre jüngere Mädchen ihm schöne Augen machte. Hoffentlich konnte er sich dann an heute erinnern. Egal wie, ich nahm mir von nun an vor, mein Leben zu genießen und mit einem Mann wie Gernot an meiner Seite, schien das ein perfektes Leben zu werden. Aber hatte ich nicht schon einmal ein perfektes Leben? Egal. Wie lange das Ganze hier dauern wollte, war unwichtig. „Richtig Paula, nimm dein Leben, wie es kommt. Manche Leute fallen von heute auf morgen einfach tot um und haben nichts erlebt, das wird dir nicht passieren." Meine liebe innere Stimme sagte mir diese Sätze mit einem Unterton. So wusste ich nicht genau, ob es ernst oder boshaft gemeint war. Egal – nicht so viele Gedanken machen, sollte mein neues Lebensmotto werden. Gedanken können grausam sein und einem das Leben vermiesen. Aber nicht mit mir!

7

Freya und Fee kamen zu Besuch. Zuerst wusste ich nicht, ob ich ihnen von Gernot erzählen sollte oder ob er vorerst mein kleines Geheimnis bleiben sollte. Nachdem Freya aber bemerkte, dass ich toll aussehen würde und überhaupt es sich alles so super zum Vorteil verändert hätte (sie meinte das Haus, mein Job), erzählte ich den Mädchen von Gernot. Im Gegensatz zu mir, hatten meine Töchter keine Einwände. Auch die fünf Jahre Altersunterschied waren für beide total ok. Sie gönnten mir mein neues Leben und hofften beide darauf, dass ich mit Gernot glücklich werden würde. Mit dem Segen meiner Töchter war ich natürlich sehr erleichtert. Damit war ein Punkt meines schlechten Gewissens schon einmal aus der Welt geschafft. Sie wollten Gernot bald kennen lernen, was mich sehr freute.

Fee erzählte mir von ihrem Vater, und wie trottelhaft er sich verhalten würde. „Weißt du Mum, er heult dir den ganzen Tag hinterher und wie doof er gewesen wäre, dass er dich hätte sitzen lassen. Ich suche gerade eine Wohnung für ihn, weil der nichts hinbekommt. Du bist viel stärker als er", sprudelte es aus Fee heraus. Ich hatte Mitleid mit ihm. Wobei ich dieses Empfinden nicht nötig hatte. Er bat mich gehen zu dürfen und er hatte alles weggeworfen. Ich musste mir aus heutiger Sicht keinen Vorwurf machen. Für mich war unser Leben ok. Heute wäre es nicht mehr ok. Jetzt hatte ich die Leidenschaft entdeckt. Das Feuer, das Erdbeben, den Höhepunkt und nun wollte ich es nicht mehr eintauschen. Sollte er auch nur annähernd mit Gin-Tara das kennen gelernt haben, was ich mit Gernot kennengelernt hatte, konnte ich ihn verstehen, dass er sich für sie entschieden hatte. Aber unser Leben bestand nicht nur aus dem Kribbeln im Bauch und der Leidenschaft. Mir war längst klar, dass es sehr angenehmen war, einen tollen Körper und ein gutes Aussehen zu haben. Aber eine Garantie für ein zufriedenes, glückliches Leben war es nicht. Wir müssen uns auch im Alltag mögen. Wir müssen miteinander reden, miteinander lachen oder einfach miteinander schweigen können. Man muss das Aussehen des anderen mögen, wenn er morgens ungeschminkt und mit verzausten Haaren aus dem Bett schlüpft. Das war die Realität und nicht die aufgesetzten Schönwettergesichter. Dann wäre eine Basis für eine gemeinsame Zukunft geschaffen. Ich wusste, dass auch Leonhard einen neuen Weg finden würde, im Leben durchzukommen. Für mich war klar: Paula war nicht mehr zuständig!

Meine Töchter und ich beschlossen, einen Stadtbummel zu machen und auch das gehörte in mein neues Leben. Mit meinen erwachsenen Töchtern zu bummeln. Wir wirkten wie drei Freundinnen. Allein die Tatsache, dass Fee und Freya größer waren als ich, ließ die Fakten, dass ich die Mutter bin, außer Acht. Wir hatten an dem Mittag richtig Spaß und beschlossen, dass wir uns regelmäßig zu solchen Mittagen treffen sollten. Fee lebte in München und Frey in Berlin. Und ich lebte irgendwo in der Mitte. Dieses Faktum machte ein „regelmäßig" schwer. Wo ein Wille ist, ist auch ein Weg und das war somit unser neues Motto.

Am nächsten Morgen war im Büro alles wie immer. Ronald Berben kam. Ich brachte ihm seinen Kaffee und die Tageszeitung. Gegen halb zehn kam Gernot vorbei. „Hallo Paula, ich habe Sehnsucht nach dir. Wann hast du Feierabend? Oder können wir uns zum Mittagessen treffen?" Ich ließ mich auf ein Mittagessen überreden. Danach ging Gernot zu seinem Vater. Ich blickte ihm hinterher, als er das Büro vom Chef betrat. Ich fühlte mich glücklich. Ich fühlte mich geliebt und das fühlte sich unwahrscheinlich gut an. Ronald Berben kam aus seinem Büro und legte mir eine Unterschriftenmappe auf meinen Tisch. „Frau Füllermann, hier befinden sich sehr wichtige Unterlagen in der Mappe. Mein Sohn wird in Kürze in unsere Kanzlei eintreten und die Formalitäten müssen nun auf den Weg gebracht werden. Und wenn sie ihn wollen, sollten sie ihn heiraten, bevor sie dann seine Sekretärin sind", sagte mein Chef ohne Umschweife. Ich guckte ihn an. Meine Stimme versagte und ich spürte, wie mir die Röte ins Gesicht sprang. Hatte es Gernot tatsächlich seinem Vater berichtet? Und er hat so locker darauf reagiert? Das hätte ich nun wirklich nicht erwartet. Es zeigte mir aber, dass die Worte von Gernot tatsächlich Gewicht hatten und er in unserer Verbindung mehr sah. Es stimmte mich fröhlich und ich brachte die Unterlagen auf den Weg.

Pünktlich um 12.15 Uhr stand Gernot vor mir: „Junge Frau, ich habe höchstpersönlich beim Chef um Erlaubnis gebeten, sie heute zum Essen ausführen zu dürfen und wir haben eine Mittagspausenverlängerung erwirkt", mit diesen Worten lockte mich Gernot aus meinem Büro. Wenige Schritte von der Kanzlei entfernt war ein Italiener. Gernot hatte einen Tisch reserviert. Wir wurden sehr freundlich begrüßt und an einen Tisch begleitet. Wir saßen kaum, da kam eine junge Frau auf unseren Tisch zu und fing an, heftig auf Gernot einzureden: „Seit wann bist du wieder in der Stadt? Du hast mir versprochen, dass du dich meldest und ich warte, und höre heute durch einen Zufall, dass du schon seit einiger Zeit wieder aus England zurück bist. Findest du das ok?" Die Frau war wütend und beim zweiten Blick erkannte ich Gin-Tara. Ich verstand das ganze Spektakel nicht und war stille Beobachterin. Gernot stand auf und sagte in leisem aber nachdrücklichem Ton: „Gin-Tara, das mit uns war schon vor Monaten vorbei. Du selbst hast mir gesagt, dass du nun mit so einem Opa liiert bist und dass er jetzt die große Liebe für dich ist. Also was willst du heute von mir?" Autsch, armer Leonhard. Ein Opa war er ja nun wirklich noch nicht. Aber diese Gin-Tara war wohl eine Ex-Geliebte von Gernot und wollte ihn so wie es aussah wieder haben. Klasse, die Frau machte sich an meine Männerwelt ran. Erst bringt sie meinen Leonhard um den Verstand und nun versucht sie Gernot in ihr Spinnennetz zu locken. Was sollte ich davon halten? Gin-Tara rauschte ab und Gernot entschuldigte sich für ihr Verhalten. Als er fertig war, sagte ich zu ihm: „Siehst du Gernot. Und genau wegen solcher Frauen habe ich Bedenken. Eines Tages wirst du mich verlassen, weil so ein junges, hübsches Ding vor deinen Füßen liegt und du ihr nicht widerstehen kannst und dann bin ich die alte Kuh, die es hätte besser wissen müssen. Eines Tages ist unsere Verliebtheit vorbei und wir werden wie viele Millionen andere Paare im

Alltag leben und dann kommt eine Gin-Tara, Mandy, Peggy oder sonst so eine daher und du wirst ihr unterliegen. Weil zu Hause eine ältere Frau auf dich wartet, die keine Kinder mehr bekommen kann und die ein gewisses Tick Tack, Tick Tack vernehmen kann. Und falls es dich interessiert, der Opa mit dem sie so glücklich ist, ist mein Noch-Ehemann. Er kam genau mit den Worten eines Tages bei mir an und bat um seine Freiheit. Ich gab sie ihm und nun wird er von ihr wegen dir verlassen. Das ist doch ein Scheißspiel, findet du nicht?", so lautete meine Anklage, die einen Widerspruch im Keim erstickte. „Paula, das tut mir leid. Aber das mit Gin-Tara und mir liegt schon einige Zeit zurück. Ich hatte sie nie geliebt und ich hatte ihr nie etwas versprochen. Sie war es gewohnt, dass ihr die Männer hinterher liefen und ich tat das nicht. Somit hatte sie mich als ihr Opfer auserkoren. Es ging ihr doch gar nicht um mich, sondern einzig ums Gewinnen", lautete seine Erklärung. Weißt du noch als ich dir sagte, dass ich Frauen kennen würde, die nach einer Nacht mitgingen – sie war so eine. Gin-Tara zog nach einer belanglosen Nacht alle Register. Für mich war noch nicht einmal der Sex mit ihr akzeptabel", fügte er noch hinzu.

Ok, jetzt wusste ich das auch. Hatte ich mir die ganze Zeit doch eingebildet, dass Leonhard von mir weg wollte, weil er berauschenden Sex mit der jungen Frau hatte. Wenn man mit der aber nicht akzeptablen Sex hatte, was war es dann? Naja, nach der Hausmannskost, die Leonhard bei mir genoss, war der Sex mit Gin-Tara dann vielleicht doch die große weite Welt für ihn. „Paula, hör auf dir solche Gedanken zu machen! Lebe im Hier und Jetzt und lasse die Vergangenheit in Ruhe", ermahnte mich meine innere Stimme.

Das Mittagessen war dahin. Zumindest hatten wir keinen Hunger mehr. Gernot nahm mich an der Hand und wir machten einen Spaziergang durch den Stadtgarten. Es fühlte sich toll an, wenn er mich berührte. Wenn er den Arm um mich legte und unsere Körper sich berührten, war es noch besser. „Allein dieses Gefühl, hier mit dir zu gehen, möchte ich nie wieder missen. Paula, egal was vor unserer Zeit war. Jetzt ist jetzt und lass uns in die Zukunft blicken. Das, was gestern war, können wir nicht mehr ändern aber wir können versuchen, das, was kommen mag, besser zu machen", sagte er und versiegelte das Ganze mit einem langen Kuss. Er hatte ja Recht. Eigentlich mit allem, was er sagte. Da war es wieder, dieses Wort „eigentlich." Wenn man es gebrauchte, war ein Haken an der Sache. Ich wusste, dass er Recht hatte und ich wusste, dass ich anfangen musste, damit umzugehen. Gernot war mir inzwischen so nah gekommen, dass ich verletzlich wurde. Dieses coole Abwarten, was wohl passieren wird, funktionierte nicht, wenn Gefühle im Spiel waren und er erweckte jedes erlebbare und manch unbekanntes Gefühl in mir. Konnte ich darauf jemals wieder verzichten? Wollte ich jemals wieder darauf verzichten?

8

Inzwischen war ein ganzes Jahr vergangen. Leonhard und ich waren geschiedene Leute. Unser Scheidungstermin war unglaublich. Wir lachten und wir weinten zusammen. Irgendwie empfand ich es als makaberes Spiel. Zuerst werden Brautleute vor den Altar gebeten. Ein Standesbeamter und später der Pfarrer sagen wunderschöne Dinge über zwei junge Menschen. Man ist glücklich, lächelt sich an, steckt sich einen Ring auf den Finger, küsst sich und blickt freudig in die Zukunft. Bei der Scheidung sitzt man dann wieder vor einem großen Tisch nebeneinander. Der Beamte sagt durchaus bei Weitem nicht so schöne Sachen über das inzwischen gealterte Paar. Keiner lächelt sich mehr an und das Ganze wird mit einer banalen Unterschrift besiegelt. Man bekommt keinen Glückwunsch mit auf den Weg und der letzte Satz ist ein Hinweis darauf, dass man binnen vierzehn Tagen Einspruch gegen das Scheidungsurteil einlegen kann. Hat uns diese Frist auch jemand bei der Trauung eingeräumt? Wäre eigentlich eine zu überdenkende Angelegenheit. Nachdem wir rechtlich geschiedene Leute waren, gingen wir gemeinsam etwas essen. Leonhard gab mir seinen Ehering und meinte, ich solle ihn zusammen mit dem

Meinigen einschmelzen und anschließend ein Schmuckstück meiner Wahl daraus machen lassen. Somit wäre er dann immer noch ein ganz klein wenig da. Ein sehr netter Gedanke. Er konnte ja richtig romantisch sein – auch eine Seite, die sich mir nie wirklich geöffnet hatte. Ich dachte, wir werden Freunde bleiben. Wir passten sehr gut zusammen – leider fehlte bei uns die Leidenschaft. Wir hatten es zu keinem Zeitpunkt geschafft, uns zu entzünden und mussten diese Erfahrung jeweils mit einem anderen Menschen machen. Trotzdem empfand ich es als großes Glück, dass ein Mann wie Leonhard der Vater meiner Kinder war. Wir waren als Paar in der Lage, unseren Töchtern eine sorgenfreie und unbeschwerte Kindheit zu bieten. Wir hatten als Eheleute versagt, wobei dieses Urteil natürlich viel zu hart gesprochen war. Was ich als sehr schön empfand war, dass wir es trotz allem geschafft hatten, ehrlich zueinander zu sein und dass wir heute Freunde sein konnten. Man konnte Leonhard viel Übles nachreden, aber er hat mich trotz des Betruges immer ehrlich und fair behandelt. Ich war froh, dass er derjenige war, der unsere Beziehung zum Scheitern brachte. Wir würden heute noch so leben und ich würde als alleinigen Traum eine Reise in mir tragen. Was hätte ich verpasst? Gar nicht auszumalen.

Leonhard und Gin-Tara hatten sich getrennt. Gut – das war abzusehen und ich verzichtete auf jegliches „ich hab's dir gleich gesagt." Er litt wie ein geprügelter Hund und gleichzeitig war er froh, seine Ruhe zu haben. Danach begann ein Leben allein für ihn und das war vermutlich seine schlimmste Zeit. Er hatte das große Haus aufgegeben und eine 3-Zimmer-Wohnung bezogen. Er musste kochen lernen und brachte seine Wäsche in einen Waschsalon. Leonhard hatte die größte Mühe mit sich selbst klar zu kommen. Jetzt erst wurde ihm bewusst, was es bedeutete, wenn jemand für einen sorgte oder einfach nur da war. Die Stille machte ihm Probleme. Er hatte Zeit zum Nachdenken. Das hatte er nie und wollte es auch nie. Aber nun war sein Leben an diese Grenze gekommen, wo er denken musste und das war gut so. Für ihn war es eine unverzichtbare Entwicklung. Er tat mir leid – aber mein Mitleid brachte ihn nicht weiter. So schaute ich mit etwas Abstand zu, wie er sich aufrappelte.

Ein halbes Jahr später hatte er einen Autounfall. Nichts Schlimmes, nur so eine Parkplatzrammaktion. Im anderen Auto saß Christine. Die beiden verzichteten auf die Polizei und wollten die Schadensfrage untereinander klären. Dies geschah bei einer Tasse Kaffee, dann bei einem Abendessen, einem Kinobesuch und nun waren Leonhard und Christine ein Paar. Schicksal – oder zur richtigen Zeit am richtigen Ort – würde das Motto hier lauten. Mir gefiel die Geschichte. Christine war auch geschieden und hatte einen fast erwachsenen Sohn, und sie war so alt wie ich. Sie arbeitete als Lehrerin am hiesigen Gymnasium und unsere Töchter fanden sie klasse. Ich übrigens auch! Ich weiß nicht, wie man das erklären kann. Eine Frau, die annähernd im selben Alter ist wie man selbst, kann man eher akzeptieren, als eine wesentlich jüngere Frau. Ich hätte mein ganzes Leben kein freundschaftliches Verhältnis mit Gin-Tara zustande gebracht. Ich musste nur ihren Namen hören und mein Geist zeichnete sofort ein mageres, blondes, zickiges Lebewesen in mein Gehirn. Mit Christine war das etwas völlig anderes. Mit ihr ging ich in UNSERE Boutique und stellte sie Frau Frenzen persönlich als die neue Partnerin von Leonhard vor. Sie bat mich um mein Auflaufrezept, weil ihr Leonhard davon vorschwärmte und sie überhaupt keine Berührungspunkte hatte, ein Rezept von mir anzunehmen. Das machte uns das Leben allen sehr einfach. Jeder war in seiner Rolle zu Hause. Leonhard hatte sich verändert – sehr zu seinem Vorteil. Es war schön mit anzusehen, welchen

Wandel sein Leben genommen hatte. Vom Wandel meines Lebens ganz zu schweigen.

Familie Füllermann, die einst „Auf-der-sicheren-Seite-des-Lebens-Steher", lebte heute in einem bunt gemischten Patchwork-Verhältnis und alle waren zufrieden. Das war eine Geschichte, die das Leben schrieb und die ich selbst nie für möglich gehalten hätte. Ich war ja auch mehr mit diesen Tick Tack, Tick Tack beschäftigt, als mich um mein Leben zu kümmern. Ich würde es jetzt als das Füllermannsche-Happy-End bezeichnen.

Gernot war so gut wie bei mir eingezogen. Zumindest hatten wir da so eine Art schleichenden Prozess. Er wollte ziemlich schnell bei mir einziehen aber ich war diejenige, die alles langsam angehen wollte. So zog zuerst seine Zahnbürste bei mir ein, danach bekam er ein Fach in meinem Kleiderschrank. Dann einen Schreibtisch für seinen Laptop und nun, was soll ich sagen? Nun war mein Haus – sein Haus. Wenn ich in mich hinein horchte – nichts. Keine innere Stimme, die etwas zu meckern hatte. Also war es vermutlich gut so, wie es war.

9

Die Kanzlei wurde mit einer kleinen Feierlichkeit an Gernot Berben übergeben. Somit waren wir jetzt Kanzlei Berben & Partner. Sein Vater wollte nun offiziell seinen Ruhestand genießen und bot Gernot an, im Notfall immer für ihn da zu sein. Der Übergang der neuen Führung sollte etwa ein halbes Jahr dauern, und dann wollte Ronald Berben nur noch das tun, was Rentner so tun. Ich wurde die Sekretärin von Gernot. Nun war ich Angestellte, Geliebte und Freundin in einer Person. Für mich war es kein Problem. Ich wusste ja stets, wie ich meinen Willen durchsetzen musste, um Erfolg zu haben. Gernot durchschaute mich, ließ es sich jedoch nie anmerken. Wenn mir jemand vor zwei Jahren erzählt hätte, was alles auf mich zukommen würde, ich hätte denjenigen für komplett verrückt gehalten. Ich hatte niemals damit gerechnet, dass mich Leonhard wegen einer anderen Frau verlassen würde. Weiter dachte ich immer, dass ich als Bandschreiberin sterben würde. Ich konnte die Buchstaben in meinem Nachruf schon lesen: Paula Füllermann starb an Erschöpfung am ein millionsten Rechtsanwaltsbrief. Sie war stets pünktlich und fleißig. Ja, so sah ich mein Leben und nun fühlte ich mich jünger als jemals zuvor, hatte einen super Kerl an meiner Seite. Meine Töchter waren die tollsten Wesen, die es auf der Erde gab. Sie erfüllten mich mit derartig viel Stolz, dass mir jegliche Worte fehlten. Ich wollte jetzt aber nicht allzu sehr mein Leben bejubeln. Als ich dies das letzte Mal tat, hatte es sich danach um 360 Grad gedreht. Das durfte es jetzt auf keinen Fall tun. Ich würde um mein jetziges Leben kämpfen.

Gernot legte mir eine schwarze Unterschriftenmappe auf den Tisch und sagte: „Bitte erst rein schauen, wenn ich nachher beim Termin bin, ok?" Dabei lächelte er mich an. „Ok, Boss", gab ich kokett zurück. „Was er wohl jetzt wieder ausheckte?", waren meine Gedanken. Ich konnte es kaum erwarten, dass er endlich zu diesem Termin ging, damit ich dieses Ding öffnen durfte. Eine Stunde später war es dann endlich soweit. Gernot ging und ich schlug mit derselben Sekunde, in der er seinen Wagen startete, die Mappe auf. Es lag ein Ehevertrag im ersten Register. Die eingetragenen Klienten waren mit den Namen Paula Füllermann und Gernot Berben beziffert. „Na, der hat ja mal eine nette Art mir einen Heiratsantrag zu machen, in dem er mich in einen Ehevertrag einbindet." Klar, wer sonst könnte so einen Kommentar abgeben, wenn nicht meine innere Stimme? Meine erste Reaktion war, die Mappe zuzuschlagen. Nach einigen Minuten öffnete ich sie erneut und wollte mir zumindest einmal die Konditionen ansehen, welche „Mr. Ich-bin-im-Recht" für mich vorgesehen hatte. Die erste Seite beinhaltete das ganz normale Blabla. Auf der zweiten Seite, oje was las ich denn da? Ich musste tief Luft holen und zwei bis dreimal schwer schlucken. Gernot Berben wollte mich nicht heiraten mit Ehevertrag und Gütertrennung – er wollte mich heiraten und hat alles, was er besaß, schriftlich an mich übergeben. Und zwar sofort – nicht erst mit Eheschließung. Warum tat er das? Er hatte die Kanzlei doch eben erst selbst von seinem Vater übernommen? In einer Klausel las ich:

Sollte Gernot Berben, egal aus welchen Gründen, aus dem Leben scheiden – geht das gesamte Vermögen direkt an Paula Füllermann, geboren am ... über. Alle verwandtschaftlichen Erbfolgen oder Anwartschaften werden mit Unterschrift beider Vertragsparteien außer Kraft gesetzt. Dieser Vertrag hält auch Bestand, wenn Paula Füllermann und Gernot Berben in einem eheähnlichen Verhältnis leben und nicht heiraten.

Mir wurde übel. Meine Gedanken waren auf Achterbahnkurs. „Willst du ihn überhaupt heiraten?", kam eine Frage zwischen den anderen Gedanken hindurch. So genau wusste ich das aber nicht. Im Prinzip wollte ich mein jetziges Leben so festhalten, wie es war. Wie bereits erwähnt, wegen mir musste sich die Erde nicht drehen. Ich würde Gernot seinetwegen heiraten. Ich brauchte sein Vermögen nicht. Es war mir ein Rätsel, warum er diesen Weg gewählt hatte. „Mit mir kann man doch wunderbar reden", dachte ich. Warum tat er das nicht? Das Gefühl, das jetzt in mir wohnte, konnte ich nicht beschreiben. Es fühlte sich komisch an und könnte mit einer Mischung aus Angst, Enttäuschung, Freude und Unsicherheit verglichen werden. Welche Dosis von welcher Zutat darin vermischt war, konnte nicht definiert werden.

Als Gernot wieder vom Termin zurück war, stellte ich ihn zur Rede.

„Lieber Gernot, ich finde du hast eine recht merkwürdige Art, mir einen Heiratsantrag zu machen. Findest du nicht, wir hätten über dieses Thema erst einmal reden müssen? Und was soll dieser Vertrag?", waren meine Worte. „Paula, ich weiß, es muss sich für dich als großes Rätsel ansehen. Du hast Recht, wir hätten darüber reden sollen. Fakt ist, dass es mein größter Wunsch ist, dass du meine Frau wirst. Ich könnte den Gedanken, dich jemals wieder zu verlieren nicht ertragen. Außerdem möchte ich, für den Fall, dass mir etwas zustoßen sollte, dass du alles übernehmen sollst. Mein Vater hat die Kanzlei an mich übergeben, weil er nicht mehr zuständig sein möchte. Wer außer dir könnte besser mit so einem Erbe umgehen? Ich vertraue dir blind. Du hast eine Tochter die Juristin werden will – was könnte mir Besseres passieren? Ich sehe die Kanzlei Berben in deinen Händen. Das Schreiben ist doch nur für den Notfall. Jetzt bin ich ja noch da. Außerdem ist dieser Vertrag keine Bedingung zu einer Ehe mit mir. Er tritt in Kraft, sobald wir ihn beide unterschreiben." Gernot redete und redete. Es hörte sich alles sehr plausibel an und es ehrte mich, dass er so große Stücke auf mich hielt, dennoch spürte ich ein gewisses Unbehagen in mir aufkeimen. Der Satz: „Jetzt bin ich ja noch da", klang in meinen Ohren nach. War das nur so dahergesagt oder wollte mich Gernot auf etwas vorbereiten? Wie immer in solchen Situationen mischte sich meine innere Stimme ein und das konnte keine positiven Gedanken fördern. Dieses Luder war ja sowas von pessimistisch eingestellt. Eine Heirat mit Gernot würde mein altes Leben endgültig auslöschen. Die Ära Füllermann würde an Bedeutung verlieren. Es ist ein bisschen wie sterben. „Paula, du übertreibst aber", meldet sich nun mein Unterbewusstsein, um für Gernot Partei zu ergreifen. „Du liebst ihn doch! Was stellst du dich denn jetzt so an? Erst kämpfst du gegen das Tick Tack, Tick Tack, dann verlierst du deinen Ehemann an ein junges Ding, verliebst dich in einen Supermann und nun kneifst du?"

Völlig aus meinen Gedanken gerissen, bemerkte ich wie Gernot vor mir kniete und mich sehr förmlich um meine Hand bat. Meine Gedanken hielten noch in meinem Kopf inne und ich konnte nur noch die Worte „Bitte werde meine Frau", hören. Ich nahm Gernot an den Händen und bat ihn aufzustehen. „Gernot, ich weiß nicht was ich sagen soll. Ich liebe dich – aber diese Situation überfordert mich", sagte ich in verzerrtem Ton. „Dann sag einfach ja", er schaute mir tief in die Augen. „Ja!" Habe ich das wirklich gesagt??? Gernot nahm mich in den Arm und küsste mich tausend Mal (ich weiß, ich übertreibe schon wieder – aber es fühlte sich wie tausend Mal an).
Ich lag in seinen Armen und an meinen Wangen rannen Tränen hinab. Warum weinte ich? Ich war glücklich und ich verständigte mich mit meiner inneren Stimme, dass es sich wohl um Freudentränen handeln müsste. Allein mit anzusehen, wie sehr er sich über mein Ja freute,

machte mich zum glücklichsten Menschen. Ich hatte nie erwartet, dass ich Gernot jemals heiraten würde. Das Thema Hochzeit kam für mich eher in Betracht, weil eins meiner Mädels den Schritt in die Ehe wagen wollte – niemals weil ich nochmals Anlauf nehmen wollte. „Paula, das ist das Leben! Nimm es an – es geht viel zu schnell vorbei um es mit Bedenken oder schlechten Gedanken zu vergeuden!" Ok, wenn das der Ratschlag für mein Leben sein sollte, dann werde ich ihn wohl annehmen.

Die Neuigkeit der bevorstehenden Hochzeit verbreitete sich wie ein Lauffeuer. Es gab kein anderes Gesprächsthema mehr. Die Kolleginnen in der Kanzlei, im Fitnesscenter, bei meinen Kindern – jeder redete nur noch über die Heirat. Als ob es auf dieser Erde kein anderes Thema mehr gab. Das machte mich nervös. Auf der einen Seite war es toll komplett im Mittelpunkt zu stehen, auf der anderen Seite vermisste ich die Augenblicke mit Gernot allein, die mir so viel bedeuteten. Durch den ganzen Trubel ging unsere Zweisamkeit unter.

Ich bat Gernot um eine kleine Feierlichkeit im engsten Familienkreis. Er war damit einverstanden und bestand dafür darauf, dass ich diesen Ehevertrag unterschreiben sollte. Da dieser mehr als großzügig und absolut nur zu meinem Vorteil formuliert war, holte ich meinen Füller hervor und setzte meine Unterschrift an die gewünschte Stelle.

Auf unserer Gästeliste standen: Gernots Vater und seine Großmutter, meine beiden Töchter mit Partnern. Es war wirklich eine sehr kleine Hochzeitliste. Aber ich wollte es so und für Gernot stellte es kein Problem dar. Wir wählten für unsere kleine Feier ein sehr nobles Lokal aus. Es war nur wenige Schritte vom Standesamt entfernt. Auf ein Brautkleid wollte ich verzichten. Stattdessen wählte ich für meinen großen Tag das olivfarbene Kleid, das Gernot sehr gefiel und das ich an unserem "Kennenlerntag" trug. Gernot wollte einen cremefarbenen Anzug von Hugo Boss tragen. Mein Brautstrauß sollte ein Arrangement aus roten Rosen werden. In Gedanken war ich in den Vorbereitungen des großen Tages, als meine Bürotür aufging und Gernots Vater in der Tür stand. „Hallo Frau Füllermann. Guten Tag. Wir sollten heute Abend zusammen etwas essen gehen und dann verabschieden wir das SIE. Schließlich sind wir jetzt bald eine Familie. Ich freue mich sehr, mit anzusehen, wie glücklich sie meinen Sohn machen. Dafür danke ich ihnen", mit diesen Worten ging er in Gernots Büro. Die

Tür blieb einen Spalt offen. Ungewollt hörte ich das Gespräch zwischen den beiden Männern, die nicht bemerkten, dass die Tür nicht verschlossen war. (Ja, ja ich weiß, man darf andere Menschen nicht belauschen. Es passierte einfach so.) „Hallo mein Sohn. Wie geht es dir? Hast du mir ihr gesprochen?, fragte Herr Berben seinen Sohn. „Vater, es gab noch nicht die richtige Gelegenheit", war Gernots Antwort. „Junge, du musst es tun, bevor ihr verheiratet seid. Schiebe es nicht länger auf, sondern gehe das Thema an. Sie hat ein Recht darauf. Ich bitte dich eindringlich darum!", sagte Herr Berben mit ernster Stimme. Mir wurde plötzlich heiß. Was sollte mir Gernot so Wichtiges sagen? Welches Geheimnis hüteten Vater und Sohn? Mir fiel der Ehevertrag ein. In Sekundenschnelle versuchte ich mir den Text visuell aufzurufen. War hier etwas versteckt, was ich übersehen hatte? Hatte Gernot eine schlimme Krankheit, von der ich nichts wusste und er hatte deswegen vorsorglich alles schon einmal in trockene Tücher gelegt? Hatte er ein uneheliches Kind, von dem er noch nicht gesprochen hatte? Gab es eine andere Frau? Hatte er sich etwas zuschulden kommen lassen? Was war es, was er mir sagen musste?

Die Zeit schien plötzlich stehen zu bleiben. Ich konnte den Moment bis Ronald Berben endlich

119

wieder ging, kaum erwarten. Meine Gedanken kreisten und wie schon immer, war es nicht für mich zum Besten, wenn ich in Stressmomenten Zeit zum Nachdenken hatte. Ich bekam Angst – fürchterliche Angst.

Dann schob sich die Tür auf und Gernot kam gemeinsam mit seinem Vater aus dem Büro. „Paula, mein Vater hat mir gerade erzählt, dass wir heute Abend gemeinsam essen gehen, und ihr dann die Förmlichkeit bezüglich des SIE begraben wollt", sagte Gernot mit einem Lächeln im Gesicht. Ich hatte alle Mühe mich zu beherrschen, räusperte mich und sagte: „Ja, das haben wir beschlossen. Habt ihr schon verabredet, wo wir uns treffen, und soll ich einen Tisch reservieren?", fragte ich in überraschend ruhigem Ton. „Was hältst du vom Japaner in der Innenstadt? Sagen wir um acht?, fragte Gernot. Ronald Berben und ich nickten und ich bestellte einen Tisch. Die beiden Herren gingen gemeinsam hinaus. Was war das? Habe ich mich vielleicht verhört? Oder ist Gernot ein grandioser Schauspieler? Macht der mir nur etwas vor? „Ach Paula, was machst du dir schon wieder für Gedanken?" – wetterte meine innere Stimme.

Warum ließ ich mich mein ganzes Leben immer schon so einfach aus der Ruhe bringen? Warum konnte ich Gernot nicht einfach fragen, was er mir sagen musste, bevor wir verheiratet waren? Ok, es war nicht gerade fein, dass ich gelauscht hatte – aber ein schweres Delikt war Lauschen ja schließlich nicht. Ich könnte mich in allen Anklagepunkten schuldig sprechen lassen und dafür eine Erklärung erbitten. Ich traute mich nicht! Ich schlich um Gernot herum, wie eine Katze die auf der Suche nach einer Maus war. Immer in der Hoffnung, dass er etwas sagen würde.

Nach Büroschluss traf ich mich mit Freya im Café. Ich erzählte ihr von dem belauschten Gespräch. Sie runzelte die Stirn und meinte: „Naja, komisch finde ich das natürlich auch. Aber Mum überlege doch mal ganz in Ruhe. Wie gut kennst du Gernot? Ihr seid jetzt noch nicht ganz zwei Jahre ein Paar. Er hatte auch davor schon ein Leben. Vielleicht gibt es da noch etwas zu klären, was gar nichts mit dir zu tun hat. Von dem es aber trotzdem wichtig ist, dass du es weißt. Mache dir bitte keine Sorgen. Ich habe so ein gutes Gefühl bei euch beiden. Gernot liebt dich, daran gibt es gar keinen Zweifel. Fee und ich sind so froh darüber, dass du so einen Mann gefunden hast. Und Papa geht es doch auch gut mit seiner Christine." „Ja, mein Schatz du hast Recht. Ich sehe die ganze Sache mal wieder zu

121

schwarz. Ich warte mal geduldig ab und vielleicht werde ich ja mutig und gestehe einfach, dass ich das Gespräch gehört habe und hoffe darauf, dass es Gernot dann leichter fällt, es mir zu erzählen. Du weißt, ich bin für offene Worte. Egal, wenn diese vielleicht auch weh tun, man muss ehrlich zueinander sein", gab ich meiner Tochter zurück. Freya nahm mich in den Arm. Dann wechselten wir das Thema und eine halbe Stunde später verließen wir das Cafe.

Am Abend - kurz vor acht.
Gernot stand im Badezimmer. Ich hatte mich bereits fertig angezogen und ging ebenfalls ins Bad, um noch etwas Parfum aufzulegen. „Schatz, du siehst toll aus. Ich freue mich, wenn du endlich meine Frau bist", sagte Gernot und nahm mich in den Arm. „Was soll denn anders sein, als jetzt, wenn ich deine Frau bin? Wir werden immer noch Paula und Gernot sein. So wie jetzt", war meine Antwort. In Erwartung, dass Gernot nun irgendetwas sagen würde, was das Gespräch mit seinem Vater betraf, schaute ich ihn mit großen Augen an. Aber nichts passierte. Gernot schob mich aus dem Badezimmer mit der Bemerkung, dass wir uns jetzt aber beeilen müssten.

Beim Japaner angekommen, saß Gernots Vater schon im Lokal und erwartete uns. Wir bestellten Champagner und ich stieß mit meinem künftigen Schwiegervater auf das DU an. Die beiden Männer waren sichtlich gelöst und machten einen zufriedenen Eindruck - was meine innere Unruhe nicht besser machte. Ronald bestellte verschiedene japanische Leckerein, dazu tranken wir den traditionellen Reiswein und zum Schluss gab es gebackenes Vanilleeis. Nachdem ich begriffen hatte, dass es für des Rätsels Lösung heute keine Erklärung mehr zu geben schien, versuchte ich mich locker zu machen und den Abend zu genießen. Es war alles in allem ein sehr schönes Zusammentreffen. Gernots Vater war ein sehr unterhaltsamer Mensch. Kannte ich ihn doch schon so viele Jahre als meinen Chef, musste ich feststellen, dass es durchaus Seiten an ihm gab, die mir stets verborgen blieben. Gegen 23 Uhr fuhren wir nach Hause. Dort angekommen, nahm mich Gernot in den Arm. „Paula, du bist das Beste, was mir je passiert ist und ich möchte, dass du das weißt, und dass du es nie vergisst. Du bist so ein wundervoller Mensch und ich bin der glücklichste Mann auf Erden, weil ich dich gefunden habe." Er drückte mich fest an sich. Es dauerte einige Sekunden, bis wir uns aus der Umarmung wieder gelöst hatten. „Gernot, ist alles ok mit dir?", fragte ich und versuchte Blickkontakt zu bekommen. „Klar, ich glaube ich habe nur etwas zu viel Reiswein getrunken und bekomme gerade meine sentimentale Phase. Lass und zu Bett gehen", war seine Antwort. Als ich im Badezimmer fertig war und zu Gernot ins Bett schlüpfte, war er schon eingeschlafen. Süß, wie er da lag. Er hatte ein Kissen im Arm und sein Gesichtsausdruck war weich und zufrieden. Ich legte mich neben ihn, schaltete das Licht aus und sagte ins Dunkel: „Ich liebe Dich auch."

10

Es war mal wieder Montag und dies bedeutete: Paula geht ins Fitness-Studio. Ja, endlich einmal wieder auspowern, Kopf leer blasen, Sorgen und Gedanken vergessen und immer schön auf die Acht zählen. Karla sah mich aus der Umkleidekabine kommen: „Hey Paula, schön dass du auch mal wieder da bist. Ich habe gehört, du wirst bald heiraten. Gratuliere." „Hallo Karla, ja am 2. Mai ist es soweit. Ich kann es noch gar nicht richtig fassen, aber ich freue mich riesig." „Dann werde ich heute mal ein schönes Training extra für dich machen, damit das Brautkleid auch schön passt", diese Sätze sagte Karla mit einem frechen Grinsen und ich wusste, dass ich heute einmal mehr neue Muskeln an meinem Körper kennen lernen würde. Ok, deshalb war ich ja schließlich hier. Im Body-Forming-Raum angekommen, stellten sich alle auf ihre Posten. Karla drehte sich um und meinte: „Lasst mal da in der Mitte ein Plätzchen für Paula." Und somit war ich in der Hierarchie der Polepositionen ein Stück nach vorne gerutscht. Ich wusste es von Anfang an – früher oder später kriege ich euch, und nun kommt die Paula. Das war eine Ansage meiner inneren Stimme. Und wie jeder wusste, musste man sich vor der in Acht nehmen. Die war nicht ohne. Die konnte Verwarnungen aussprechen und richtig gemein sein, und sie war ehrgeizig. Trotzdem war ich stets dankbar, dass ich sie hatte. Meine innere Stimme bewahrte mich vor größerem Unheil, sie spornte mich an, wenn ich schon längst aufgeben wollte. Sie weckte in mir Kräfte, die ich von alleine nicht zu haben schien. Völlig aus meinen Gedanken gerissen, hörte ich Karlas 8-7-6-5-4-3-2-1 und acht mehr. „Auf geht's Mädels, bewegt euch. Ich will die Beine oben sehen. Ein Lächeln in euren Gesichtern wäre auch nicht schlecht, schließlich macht uns das hier Spaß!" Eine Stunde später schleppte ich mich unter die Dusche. Es war toll. Ich hatte für die komplette Zeit meines Aufenthaltes in diesen heiligen Hallen alles um mich und mein momentanes Leben vergessen. Also Ziel erreicht.

Ich weiß, dass meine Probleme eigentlich nur Problemchen waren. Mein Hang, alles ein klein wenig zu dramatisieren war schon immer sehr ausgeprägt und außerdem verwandt ich das Wort eigentlich und somit war mir auch klar, dass mein Problemchen vielleicht doch schon ein ausgewachsenes Problem war. Angesichts dessen, dass es in der Welt aber immer noch Hungersnot, Krieg, Armut und fürchterliche Krankheiten gab, musste ich zugeben, dass meine kleine Welt trotz allem immer noch extrem ok war. „Oh, Paula – was für Gedanken trägst du nur immer in dir? Sei doch froh, dass endlich Schwung in deinem Dasein ist. Wie fürchterlich hast du dich immer über das Tick Tack, Tick Tack aufgeregt. Wie sehr hast du dich in deinem Selbstmitleid gesuhlt, als Leonhard mit dieser Hundenamenfrau aufgetaucht ist, und nun wo alles sich zum Guten gewandelt hat, grübelst du über ein belauschtes Gespräch. Nur, weil du nicht abwarten kannst." Meine innere Stimme schimpfte fürchterlich mit mir und ich musste zugeben – sie war im Recht. Ich sollte mein Leben wirklich dankbarer annehmen.

Als ich zu Hause angekommen war, brannte Licht – ein Zeichen, dass Gernot auch schon zu Hause war. Ich ging in die Küche und er hatte uns etwas Leckeres gekocht. Wie schön war das? Nach Hause kommen und es war gekocht. Dies war deutlich eine Eigenschaft, welche ich nicht kannte. War ich doch immer diejenige, die für alles sorgte. Nun wurde ich versorgt. Ein wunderbares Gefühl. Es machte mich glücklich. „Hallo Schatz, hmmm was riecht hier denn so lecker?", begrüßte ich Gernot. „Ich war heute auf dem Markt und konnte mich beim Anblick der tollen Gemüsesorten einfach nicht entscheiden. Somit gibt es heute die bunteste Gemüsepfanne mit Nudeln, die du je gesehen hast", gab Gernot freudig zurück. Ich ging auf ihn zu und nahm ihn in den Arm. Gernot drückte mich und schob mit der Hand mein Kinn nach oben. „Ist alles ok mit dir?", fragte er. „Ja, alles prima. Ich freue mich so sehr, dass du für uns gekocht hast. Das hatte ich nicht erwartet und Leonhard hat das nie gemacht. All die Jahre nicht", gab ich zur Antwort. „Dann gewöhn dich mal schön dran, dass ich sehr gern koche. Komm setz dich, sonst wird es noch kalt. Möchtest du ein Glas Wein dazu?" Da saßen wir. Das Essen schmeckte super, der Wein dazu auch. Ich war mir sicher, so fühlte sich Zufriedenheit an.

Nach dem Essen räumten wir gemeinsam die Küche auf. Während dieser Prozedur klingelte das Telefon. Freya war am Apparat. „Hey Mum, wollte nur mal kurz hören, ob alles im Lot ist bei euch." „Hallo meine Süße, klar, bei uns ist alles ok. Ich war heute beim Fitnesstraining und Gernot hat für uns gekocht. Jetzt räumen wir gerade auf. Und bei dir? Alles gut? Gibt es einen bestimmten Grund für deinen Anruf?", fragte ich zurück. „Nein, ich schreibe morgen eine Klausur und wollte mich etwas ablenken und da dachte ich mir, dass dies mit einem Telefonat am besten gelingen könnte." Das Gespräch mit Freya ging noch einige Minuten. Sie war im Bezug auf Arbeiten, Prüfungen und Tests genau wie ich.

Ich hatte auch immer gelernt und gebüffelt und brauchte kurz bevor es dann ernst wurde, Ablenkung. Es war schon sehr witzig, wie sich manche Dinge einfach an die Kinder weitervererbten. Meine Töchter waren ein kleiner Spiegel meiner selbst. Genau betrachtet, machte mich das, was ich darin sehen konnte, sehr stolz. Meine Kinder waren in allem besser als ich mir das hätte jemals wünschen können. Sie sahen toll aus (ok, jede Mutter denkt, sie hat das schönste Küken – aber meine beiden sahen wirklich toll aus). Wie viel Glück konnte ein Mensch haben? Mit meinen Kindern hatte ich sehr viel Glück.

Gernot kam auf mich zu: „Alles in Ordnung bei deiner Tochter?" „Ja, sie ist nur im Klausurstress und brauchte etwas Ablenkung", gab ich zur Antwort. Ich ging auf Gernot zu, wir sahen uns an. Wir küssten uns und gaben uns unserer Leidenschaft hin. Für mich war es wie beim ersten Mal. Gernot entfachte ein Feuer in mir, welches lichterloh zu brennen schien. Ganz egal was mein Leben noch mit mir vorhatte, dieses hier konnte mir niemand mehr nehmen. Ich war verrückt nach diesem Mann. Nach seinen Händen, seinen Armen, seinem Mund, seinem Körper. Nie wieder wollte ich es missen müssen, dieses wundervolle Gefühl mit Körper und Geist geliebt zu werden. Vermutlich hörte sich das jetzt sehr kitschig an – aber zu echter Liebe gehörte auch ein klein wenig Kitsch.

Am nächsten Morgen, es war ein Sonntag, saßen wir am Frühstückstisch. Es waren nur noch vier Wochen bis zum 2. Mai – unserer Hochzeit. Gernot sah mich an und nach einiger Zeit sagte er: „Paula, ich muss für ein paar Tage nach England. Ich habe dort etwas zu erledigen." „Soll ich dich begleiten?", war meine Frage. „Nein, mein Schatz. Ich muss da alleine hin. Sei nicht böse, aber ich kann dir im Moment noch nicht sagen, warum. Wenn ich zurück bin, erzähle ich dir alles bis ins kleinste Detail. Aber heute kann ich dies noch nicht. Bitte vertraue mir. Es wird alles gut und wenn ich zurück bin, werden wir heiraten und dann bist du endlich meine Frau." Gernot sagte diese Sätze in einem Ton, der mir ein weiteres Nachfragen entsagte. Meine innere Stimme signalisierte mir, jetzt einfach still zu sein. Mein Gefühl dahingegen schnürte mir die Kehle zu. Es war ein unangenehmes Gefühl. Was sollte ich tun? „Wann wirst du fahren?", fragte ich stattdessen. „Morgen früh. Mein Vater übernimmt in dieser Woche meine Termine", war die kurze Antwort. „Du hast ihn schon informiert?", fragte ich weiter. „Ja, er riet mir zu diesem Schritt. Paula, meine Liebe, mach dir bitte keine Sorgen. Es handelt sich zwar um einen sehr persönlichen Termin. Aber erstens hat es überhaupt nichts mit dir zu tun und zweitens kann ich erst frei sein, wenn ich dies hinter mich gebracht habe. Aber wie schon gesagt, ich kann dir erst nach meiner Rückkehr alles berichten. Jetzt kann ich nur über Spekulationen erzählen – das möchte ich nicht und das würde nur für unnötig Unruhe sorgen", war seine abschließende Erklärung. Danach stand Gernot auf und gab mir mit seiner Haltung zu verstehen, dass dieses Thema für heute eine Akte war, die verschlossen blieb. Meine innere Stimme meldete sich, was sollte ich sagen. Dieses Luder pochte mit allem was sie hatte gegen meine Schläfen. Meine Gedanken wurden wilder, dunkler, gefährlicher als je zuvor. Mir war bewusst, dass diese Englandreise etwas mit dem Gespräch, das ich belauscht hatte, zu tun hatte. Ich reimte mir alles Mögliche zusammen. Ruhe bewahren, einen Schritt nach dem Anderen machen – das waren die Parolen, die ich mir aufzwang. Ich wollte Gernot nicht belasten mit irgendwelchen Fragen, die er sichtlich nicht bereit war, zu klären. Also, was blieb mir übrig, als zu warten? Nichts. Unser gemeinsamer Sonntagmittag verlief wie noch kein anderer, seit wir zusammen waren. Jeder war in seiner eigenen Welt eingeschlossen, beschäftigte sich mit seinen Gedanken. Ganz automatisch packten wir seinen Koffer für die morgige Fahrt. Er nahm ausschließlich Jeans, T-Shirts und Pullover mit. Keinen Anzug, kein Hemd. Dies signalisierte mir, dass es sich um einen privaten Termin handelte. Mein armer Gernot. Was war es nur, was ihn so sehr beschäftigt hatte, dass er nicht mit mir darüber sprechen konnte und das so wichtig für ihn war, dass er es persönlich in England klären musste? Ein Fragenkatalog, der im Umfang immer stärker wurde und der nicht zu bewältigen war.

Wir gingen früh zu Bett. Gernot wollte am nächsten Morgen gleich um sechs Uhr weg fahren. Die Nacht war schrecklich. Wir fanden beide nicht in den Schlaf, drehten uns hundert Mal. Dann liebten wir uns – innig, leidenschaftlich. Immer wieder spürte ich, wie Gernot meine Nähe suchte. Er hielt meine Hand oder umklammerte mein Handgelenk. Nicht, dass wir sonst keinen nächtlichen Kontakt hatten – aber dies war anders als sonst und ich war verunsichert. „Ok Paula, was soll schon geschehen? Gernot fährt nach England, weil er da etwas zu erledigen hat. In zwei Tagen ist er wieder da und dann wird geheiratet. Mach dir keinen Kopf! Dieser Mann liebt dich und du liebst ihn. Was braucht ein Mensch sonst noch zum glücklich werden?" Diese Gedanken kamen von ganz innen drin und ich wusste, dass ich mich einfach nur auf Gernot verlassen und endlich aufhören musste, mir ständig Sorgen zu machen. Und was war das? Ich konnte es nur ganz leise hören – aber es war da: Tick Tack, Tick Tack. „Oh, nein – bitte lieber Gott, mach, dass ich nicht wieder anfange, dieses fürchterliche Geräusch in mir zu tragen!", waren meine Flehbitten in Richtung Himmel. Irgendwann musste ich unter den ganzen wirren Gedanken dann doch eingeschlafen sein.

Der Wecker läutete um 5.25 Uhr. Gernot ging ins Badezimmer. Ich zog meinen Bademantel über, ging in die Küche und setzte einen Kaffee auf. Sollte ich ihm ein Vesper richten oder würde er dies als spießig empfinden? Ich war irritiert, in allem was ich tat. Warum war das so? Ich entschloss mich, ihn einfach zu fragen und Gernot fand es eine tolle Idee, wenn ich ihm ein paar Brote von zu Hause mit auf die Fahrt geben würde. Wir tranken gemeinsam unseren Kaffee und dann machte sich Gernot auf den Weg. „Tschüss, meine Süße! Bis in zwei Tagen. Ich melde mich wenn ich angekommen bin. Ich vermisse dich jetzt schon. Ich liebe dich!", waren seine Worte, die mir die Kehle zuschnürten. Ich sah ihm hinterher. Die Ungewissheit seines

Vorhabens machte mich nervös und hilflos. Ich fühlte mich alleine und zurückgelassen. „Paula, jetzt übertreibe doch nicht so!", ermahnte mich meine innere Stimme. „Er ist doch nur für zwei Tage weg. Das sind 48 Stunden. Mein Gott Mädel, du bist Anfang vierzig. Du wirst es überleben."

Ja klar, werde ich das überleben – aber wie? Ich ging ins Haus zurück und direkt ins Badezimmer. Meine Dusche war ausgiebig und heiß. Dann begab ich mich direkt ins Büro. Arbeit sollte mich ablenken. Ronald Berben kam wie früher um 9.30 Uhr in die Kanzlei. „Hallo! Guten Morgen, liebe Paula. Ist Gernot schon weg gefahren?", lautete seine Begrüßung. „Guten Morgen, Ronald! Ja er ist gleich heute früh gefahren. Ronald, was tut er in England?", war meine Gegenfrage. „Ich kann dir das nicht sagen. Nicht, weil ich nicht möchte, sondern weil ich es nicht so ganz genau weiß. Und bevor ich jetzt irgendeinen Stuss erzähle, lasse ich es besser ganz sein. Wir werden es in zwei Tagen erfahren." Damit hatte mich Ronald Berben abgefertigt. Ich brachte ihm seinen Kaffee und die Tageszeitung und verzichtete auf weitere, nicht zu beantwortende Fragen. Der Tag verlief schleppend – sehr schleppend. Um 17 Uhr verließ ich die Kanzlei und ging direkt ins Fitnesscenter. Es war Montag – es war Zeit für die Acht. Ich musste mich ablenken und im Fitness-Studio war alles wie immer. Also begab ich mich in die Zählvorgänge von Karla und schaltete meine Sorgen für eine Stunde ab. Danach ging ich in die Umkleidekabine. Als ich mein Handy anschaltete war da ein Anruf in Abwesenheit und eine SMS Nachricht eingegangen. Die Nachricht lautete: *„Hallo Schatz, ich bin angekommen. Melde mich sobald als möglich. Ich liebe Dich! Dein Gernot!"* Das er gut angekommen war, nahm mir etwas meiner Anspannung. Ich dachte, wenn ich gewusst hätte, warum er nach England fahren musste, wäre meine Unruhe nicht ganz so unerträglich gewesen. Obwohl, wer weiß, vielleicht wäre es dann gar nicht zumutbar gewesen. Diese Ungewissheit nagte an mir.

Als ich zu Hause war, beschloss ich mir einen gemütlichen Abend zu machen. Etwas fernzusehen und die Zeit einfach rum zu kriegen. Appetit hatte ich keinen und somit verzichtete ich auf ein Abendbrot. Das würde meiner Figur auch mal wieder gut tun, etwas weniger Kalorienaufnahme. Ich schaltete mich von Kanal zu Kanal – nichts schien mein Interesse zu wecken. Gegen 23 Uhr machte ich dem Chanel-Hopping ein Ende und beschloss zu Bett zu gehen. Ich versuchte Gernot noch auf dem

Handy zu erreichen, was mir nicht gelang. So gab ich seiner Mailbox einen Gute-Nacht-Kuss und ging schlafen.

Am nächsten Morgen erwachte ich vor dem Wecker. Ich stand auf und fühlte mich schwer und kraftlos. Es kostete sehr viel Mühe meine Knochen zu sortieren und noch mehr kostete es mich, den Anlauf zu nehmen, diesen Tag zu starten. Erst nach der Dusche, vermochte ich überhaupt richtig aus den Augen zu sehen. Ich schaltete den Kaffeeautomaten an und holte meine Zeitung aus dem Briefkasten. Ich frühstückte, las die Tageszeitung. Anschließend zog ich mich an und ging ins Büro. Ronald kam pünktlich um 9.30 Uhr, und wie im Film „Täglich grüßt das Murmeltier" begann unser Arbeitstag. Da war auf meinen Seniorchef und baldigen Schwiegervater Verlass. Er lebte und arbeitete wie ein Uhrwerk. Präzise, genau und immer nach demselben Schema. Es war 12 Uhr und ich versuchte Gernot auf dem Handy zu erreichen. Seine Mailbox meldete sich bereits nach dem ersten Klingeln. Ein Zeichen dafür, dass er es ausgeschaltet hatte. Ok, er hatte einen Termin, bei dem er ohne Handy sein wollte – oder musste? Egal, er würde ja sehen, dass ich angerufen hatte und mich bestimmt zurück rufen. Es war 14 Uhr – dann 16 Uhr, kein Anruf. Ich ging zu Ronald ins Zimmer. „Ich kann ihn nicht erreichen", lauteten meine wenigen Worte. „Ja, ich habe es auch schon versucht. Ich vermute ein Funkloch. Weißt du, in England sind die noch nicht so weit mit den Handynetzen", versuchte mich Ronald zu beruhigen. „Der hält mich ja auch für doof", waren meine Gedanken. Warum sollten die Engländer keine guten Netze haben? Aber der Versuch mich in Sicherheit zu wiegen, empfand ich als sehr nette Geste. Ich war mir sicher, dass mich Ronald Berben gern hatte und dass er es wirklich für gut empfand, dass sein Sohn und ich heiraten wollten. Mir war klar, dass wenn man einen Menschen wie Ronald Berben auf seiner Seite hatte, es einem Fels in der Brandung glich. Hatte man so einen Menschen wie ihn als Gegner, kam dies einem Weltkrieg ähnlich. Diese Allianz trug ich tief in mir. Ich war froh darüber, dass ich in diesem Fall auf der scheinbaren Gewinnerseite stand.

Mein Bauchgefühl verriet mir, dass auch Ronald auf eine Nachricht von Gernot wartete. Nur er würde dies niemals zugeben. Nicht vor mir, nicht vor irgendeinem anderen Menschen, vermutlich noch nicht einmal vor sich selbst. Ich schaute zu ihm hinüber. Wir blickten uns direkt in die Augen. Dann nickte mir Ronald Berben zu und ich ging ohne ein Wort zu sagen, wieder aus seinem Büro. Diese Geste sollte bedeuten, wir sagen uns sofort Bescheid, sobald er sich bei einem von uns gemeldet hat. Wir verstanden uns still, waren Verbündete in einem mir unklaren Fall.

Etwas Sorge kam in mir hoch. Mit jeder zu verstreichenden Stunde wurde dieses Gefühl etwas mächtiger. Ich verließ gegen 18 Uhr die Kanzlei. Meine innere Stimme begann auf dem Nachhauseweg eine Unterhaltung mit mir, wohl bemerkt eine sehr einseitige. „Liebe Paula, mache dir nicht so viele Sorgen. Überleg stattdessen, was könnte Gernot in England tun? Du kennst ihn doch inzwischen schon recht gut. Irgendwann hat er bestimmt irgendetwas von England erzählt. Versuche dich zu erinnern. Du kannst dich auf ihn verlassen. Dieser Mann liebt dich. Er wird bald wieder nach Hause kommen, dann wird geheiratet und diese Warterei wird komplett nichtig sein." War sie nicht süß, meine innere Stimme? Mal schimpfte sie mit mir oder meckerte an allem herum, was ich machen wollte. Jetzt sprach sie mir guten Mut zu – unglaublich! Ohne es bemerkt zu haben, stand ich vor meiner Haustür. Meine Gedanken waren dermaßen abgelenkt, dass ich meinen Weg nicht wirklich wahrgenommen hatte. Ich ging in die Diele und sofort zu unserem Anrufbeantworter.

Er blinkte. Mit zitternden Händen drückte ich den Wiedergabeknopf. „Hallo Paula, hier spricht Karla. Du, wir wollen morgen Abend ein neues Programm ausprobieren. Sibylle kommt auch. Ja, ich weiß, es ist nicht Montag. Vielleicht möchtest du trotzdem kommen? Wir treffen uns um acht. Tschüss." Die Enttäuschung war groß. Klar freute ich mich über einen Anruf von Karla, jetzt wäre mir Gernots Stimme aber um einiges lieber gewesen. Ich ging ins Wohnzimmer, schaltete den Fernseher ein und ließ mich schlapp wie ein nasser Sack auf den Sessel fallen. Es war nicht schlimm, dass Gernot nicht da war. Es war auch nicht schlimm, dass er noch nicht angerufen hatte (Blödsinn, das war richtig schlimm). Schlimm war, dass ich mich in einer Situation befand, in der ich nicht das Ruder in der Hand hatte. Genau wie damals, als Leonhard mir erzählte, er habe sich in eine andere Frau verliebt. Ich stand machtlos und wehrlos da. Genauso fühlte ich mich jetzt. Nie wieder wollte ich mich derartigen Gefühlen ausgesetzt fühlen. Nie wieder wollte ich mich von Handlungen anderer in Situationen pressen lassen, an denen ich nichts ändern konnte. Ganz leise aber sehr deutlich, konnte ich es hören: Tick Tack, Tick Tack. Es ist zum Verrücktwerden.

11

Es vergingen noch genau zwei Tage und zwei Nächte an denen ich nichts von Gernot gehört hatte. Mein Nervenkostüm glich einem überspannten Stromnetz, welches in jeder noch zu verweilenden Sekunde zu einer Riesenexplosion aufwartete. Als Ronald in die Kanzlei kam, gab es kein freundliches „Guten Morgen" und keinen Kaffee, von der Tageszeitung wollen wir mal überhaupt nicht sprechen. Ich schob ihn direkt in sein Büro, verschränkte die Arme vor meine Brüste und baute mich vor ihm auf (er war riesengroß, zwei Köpfe mindestens größer als ich – egal). Der Zorn machte mich stark und ich war extrem zornig, somit war er gefühlte zwei Köpfe kleiner als ich. Ich zischte los: „Hör zu! Meine Geduld ist am Ende. Sag mir jetzt bitte sofort, was das soll mit dieser Englandreise. Was hat Gernot dort zu erledigen? Komme mir ja nicht damit, dass du es nicht weißt. Er sollte seit zwei Tagen zurück sein. Weder er noch ein Anruf oder sonst ein Piep kann ich von ihm sehen!" Ronald war über meinen Auftritt sichtlich geschockt. Ein kluger Mann wie er wusste aber zugleich, dass es jetzt keinen Sinn machte, Ausreden zu finden. Ihm war klar, dass er sich mir stellen musste. Mit einer Handbewegung gab er mir zu verstehen, dass wir uns setzen sollten.

Dann versuchte er die richtigen Worte zu finden. „Paula, ich kann sehr gut verstehen, dass dich diese Situation missmutig stimmt. Die Tatsache, dass sich Gernot überhaupt nicht meldet, erdulde ich auch mit recht wenig Verständnis. Dennoch wird er seine Gründe haben und vermutlich liegen die Dinge in einfacher Natur. Es sind lediglich die Gedanken, die wir in Sorge hegen, die das Ganze in ein schlechtes Licht rücken. Gernot hat fünf Jahre in England gelebt. Eine kurze Zeit davon mit Susan. Sie brachte eine kleine Tochter zur Welt. Ich denke, es ist nicht meine Aufgabe, dir die Geschichte zu Ende zu erzählen", hörte ich Ronald abschließend sagen. Meine Augen füllten sich mit Tränen. „Er war nach England gereist, um seine Tochter zu sehen? Warum hat er mir das verschwiegen?" Ich suchte in Ronalds Gesicht nach einer Antwort. „Meine Liebe, die Sache ist ganz anders, als du jetzt denkst", sagte er. „Tu mir einen Gefallen, nimm dir den Rest der Woche frei. Gernot wird sich melden und ihr könnt in aller Ruhe über die Sache sprechen", gab er noch hinterher. Ich ging hinaus in das Vorzimmer, packte meine Sachen und verließ die Kanzlei. Ich ging zu Fuß nach Hause. Meine Gedanken benötigten frische Luft. Mein Puls war bei zweihundert angekommen. Ich musste mich zur Ruhe zwingen, nochmals über alles nachdenken.

Warum hatte er mir das nie gesagt? Das Thema Kinder war doch von Anfang an ein Punkt, den ich für besonders prekär gehalten hatte. Er hätte doch sagen können: „Paula, das mit dem Kinderkriegen ist nicht schlimm, ich habe eine Tochter, du hast zwei, somit sind schon drei Kinder vorhanden!" Es wäre von Anfang an der Druck auf die Familienplanung weg gewesen. Ich hätte nicht permanent dieses Gefühl gehabt, dass ihm irgendwann etwas fehlen könnte. Doch damals sagte Gernot nichts. Er sagte nur, dass ihm alles Recht sei, solange wir zusammen sein könnten. So ein Heuchler. In mir kamen die Worte von Ronald wieder hoch, als ich damals das Gespräch belauschte: „Sie hat ein Recht darauf, es zu erfahren." Wen hatte er gemeint? Mich oder diese Susan? Oder seine Tochter? Wie alt war das Kind überhaupt? Meine Gedanken, meine innere Stimme, das Gesprochene, das Gehörte – alles zusammen verursachte ein morz Chaos in meinem Kopf. Wer hatte denn schon wieder an der Erde gedreht, ohne mich zu fragen? Warum saß am Steuerrad meines Lebens immer jemand, der keine Ahnung davon hatte, was mir gut tat? Ich fühlte mich betrogen, hintergangen und stellte alles in Frage. Jedes gesagte Wort von Gernot verlor an Gewicht. Ich schaute seinen Ring an, den er mir geschenkt hatte. Ja, Geld hatte er und damit wollte er sich sein Leben wohl erkaufen. Aber nicht mit mir! Nicht mit Paula Füllermann – der Frau mit dreiundvierzig Jahren, einem immer wieder auftauchenden Tick Tack, Tick Tack im Ohr. Ich hatte zwei Kinder auf die Welt gebracht, mich jahrelang als Bandschreiberin durch mein Leben gekämpft, meinen langweiligen Ehemann an eine Frau mit Hunde- oder Cocktailnamen verloren, meine Figur im Rahmen von einer Million (ich weiß – ich übertreibe) Fitnessübungen im Achterbereich getrimmt, um nun an einem absolut gut aussehenden, fünf Jahre jüngeren total guten Liebhaber zu scheitern? Meine innere Stimme meldete sich wieder zu Wort, sarkastisch und gemein: „Sieht ganz so aus, meine Süße. Gewöhn dich an den Gedanken und schau nach vorne!"

Zuhause angekommen, ließ ich mich samt Jacke und Schuhe auf mein Sofa fallen. Ein Heulanfall jagte den nächsten. Ich war verzweifelt, verbittert und so enttäuscht. Wieder einmal suhlte ich mich im Selbstmitleid. Die arme Paula, das betrogene, hintergangene, hilflose Geschöpf. Inmitten meiner Trauerarbeit ertönte der Piepton meines Handys. Komplett verschwommen durch die ganze Heulerei öffnete ich eine SMS-Nachricht. Sie war von Gernot. Schnell setzte ich mich aufrecht hin und wischte die letzte Träne aus meinem Gesicht.

Hallo mein Schatz! Sorry, dass ich mich erst jetzt melde – aber ich hatte einen Unfall und konnte nicht anrufen. Mache dir bitte keine Sorgen. Ich bin schon auf dem Heimweg. Ich muss dir sehr viel erzählen. Kuss Dein Gernot.

Mir stockte der Puls in den Adern. Er hatte einen Unfall? Sofort bekam ich ein schlechtes Gewissen, weil ich ihm alles Mögliche zugetraut hatte. Ich wähnte ihn in den Armen dieser Susan und dass er sich zwischen uns nicht entscheiden könnte, weil sie ja schließlich die Mutter seines Kindes war. „Hör jetzt endlich auf, dir ständig Gedanken über Dinge zu machen, die nicht klar sind!", schimpfte meine innere Stimme. Ok, du hast ja Recht.

Ich wollte gerade zum Telefonhörer greifen, als der Apparat anfing zu klingeln. Ronald war am anderen Ende. „Paula, Gernot hat eben angerufen. Er hatte wohl versucht dich zu erreichen. So wie er sagte, hatte er einen Autounfall. Ich werde ihn um 21 Uhr vom Flughafen abholen und bringe ihn dann direkt zu dir. Ist das ok?" „Weißt du, was passiert ist?", fragte ich ganz leise. „Er hatte nicht viel erzählen

144

können, nur soviel, dass er von der Straße abgekommen ist, weil er einem Reh ausweichen musste. Dabei hatte er sich am Kopf verletzt und musste im Krankenhaus stationär behandelt werden. Als er dann wieder sprechen konnte, hatte er zuerst versucht, dich zu erreichen und dann mich. Aber das wird er dir später alles selber sagen können. Der Wagen ist Schrott, aber mein Junge zum Glück nicht. Das ist doch das Wichtigste", gab Ronald Berben zurück. „Da hast du Recht, danke Ronald."

„Er wird ihn um 21 Uhr vom Flughafen holen. Bis die dann hier sind, vergehen auch noch mindestens eineinhalb Stunden. Ich sollte schauen, dass ich nicht so verheult aussehe und mich erst einmal ohne Vorbehalte auf das bevorstehende Gespräch einlassen. Wird schon nicht so schlimm werden.", versuchte ich mich selbst zu beruhigen. Die Zeit schien nicht vergehen zu wollen. Keine Ahnung wie oft ich zum Fenster lief. Jedes Mal, wenn ein Auto nur in die Nähe des Hauses kam, stand ich da um nachzusehen, ob sie es waren. Längst mit dem Bewusstsein, dass es noch nicht einmal 21 Uhr war und er noch gar nicht da sein konnte. Dann war es endlich soweit. Der Wagen von Ronald fuhr in unsere Einfahrt ein. Ich öffnete die Haustür und blieb unter dem Türbogen stehen.

Ronald winkte mir zu. Gernot verabschiedete sich von seinem Vater und kam schnellen Schrittes auf das Haus zu. Er nahm mich in den Arm, küsste mich und sagte: „Endlich bin ich wieder bei dir." Ich musste mit den Tränen kämpfen – blieb aber standhaft. Dann begaben wir uns gemeinsam ins Haus. Gernot legte seinen Mantel ab und wir gingen ins Wohnzimmer. Erst waren wir von einem unwohlen Schweigen umgeben. Keiner wollte so richtig den Anfang machen. Wir setzten uns beide aufs Sofa und Gernot legte den Arm um meine Schultern. Dann fing er vorsichtig an zu erzählen. Ich unterbrach ihn in keiner Sekunde. „Paula, es tut mir leid, dass das jetzt alles so gekommen ist. Es ist nicht meine Art mich nicht zu melden, aber die Situation war auch für mich unberechenbar und so kam das eine zum anderen. Ich lebte fünf Jahre in England. Zwei Jahre davon zusammen mit Susan. Sie wollte sich von ihrem Mann scheiden lassen und ich war ihr Anwalt. Dabei hatten wir uns ineinander verliebt, zumindest dachte ich das damals. Wir hatten eine leidenschaftliche Beziehung zueinander und lebten gemeinsam in meiner Wohnung. Dann wurde Susan schwanger und ich dachte, das Kind sei von mir. Herausgestellt hatte sich dann aber, dass sie sich mit ihrem Mann wieder versöhnt hatte und das Kind von ihm war. Es war ein heilloses Durcheinander. Eines Abends hatten wir eine Auseinandersetzung und sie sagte mir, dass sie sich von mir trennen wolle. Als wir uns dann beruhigten, fragte ich sie, wie sie sich das mit dem Kind vorstellen würde. Sie lachte mich an und meinte, das ginge mich sowieso nichts an, weil das Kind gar nicht von mir sei. Es war ein Schock für mich. Ich hatte mich so sehr in dieser Frau getäuscht. Susan zog aus und ich löste meine Wohnung in England auf und kam wieder hier her nach Deutschland zurück. Kurz darauf hatten wir uns dann kennen gelernt und mein Leben schien wieder einen Sinn zu bekommen. Paula, mit dir habe ich ein Leben. Du vervollständigst mich. Dann kam vor ein paar Wochen ein Anruf von Susan. Ich müsse zu einem Vaterschaftstest kommen. Ihr Mann, von dem sie inzwischen wieder getrennt lebte, habe einen Test machen lassen und er sei nicht der Vater von der Kleinen. Ich war sprachlos. Wollte aber natürlich Gewissheit haben, ob ich der Vater von Amy bin. So ist ihr Name. Sie heißt Amy."

Aus Gernot sprudelte es nur so heraus. Ich spürte seine Aufgebrachtheit und im Laufe seiner Erzählungen, spürte ich eine Art Angst in mir aufkeimen, ob er nun der Vater der kleinen Amy war oder nicht. Mir war klar, dass dies natürlich auch Konsequenzen für unser Leben hatte. Ich nahm seine Hand in die meine. Er konnte spüren, dass ich zitterte. Seine Augen füllten sich mit Tränen und er zog mich an sich heran. „Paula, ich liebe dich. Mehr als alles andere auf der Welt", hörte ich ihn sagen. Auch ich fing an zu weinen. „Was machen wir denn jetzt?" fragte ich leise.

Als wir uns nach einigen Minuten wieder gefangen hatten, erzählte Gernot weiter. „Ich hatte alles erst einmal mit meinem Vater besprochen. Er ist schließlich ein erfahrener Jurist. Er hatte mir dann zu der Fahrt nach England geraten. Es musste Gewissheit her. Ich musste dir gegenüber Stellung nehmen. Susan wartete auf eine Antwort und irgendwann wird Amy in einem Alter sein, wo auch sie ein Recht darauf hat zu erfahren, wer ihr Vater ist. In mir drin fand eine Zerreißprobe statt. Auf der einen Seite wollte ich Susan nie wieder sehen, auf der anderen Seite brauchte die damalige Beziehung noch einen offiziellen Schlussstrich. Denk jetzt bitte nicht, dass sie mir noch irgendetwas bedeutet. Seit ich dich kenne, hat Susan ihre ganze Wirkung verloren. Erst mit dir ist mir bewusst geworden, was es heißt, einen Menschen von ganzem Herzen zu lieben. Nachdem der Anruf von Susan kam und ich mit meinem Vater gesprochen hatte, musste ich mich der Situation stellen. Es war ein eigenartiges Gefühl in mir. Ich haderte mit mir, ob ich dir den Grund meiner Reise sagen sollte. Ich wusste aber auch nicht, was ich sagen sollte. Ich wusste ja selber nicht, ob ich nun Vater war oder nicht. Auf jeden Fall fuhr ich dann zum Flughafen. In England gelandet, nahm ich mir einen Mietwagen und fuhr ohne Umwege direkt zu Susan. Gemeinsam gingen wir dann in eine Klinik, und die Ärzte nahmen die notwendigen Proben. Die kleine Amy habe ich nicht gesehen. Susan hatte sie wohl bei einer Freundin untergebracht. Naja, darüber war ich dann etwas enttäuscht. Gesehen hätte ich sie schon ganz gern. Mit Susan selber war es recht merkwürdig. Sie umgarnte mich und beteuerte, dass es ihr leid täte und wenn jetzt heraus käme, dass ich der Vater von Amy sei, ich der Geschichte noch eine Chance geben sollte. Der Chefarzt der Klinik sagte mir, dass ich in etwa zehn Tagen das Ergebnis mit der Post bekommen würde, schneller ginge es wohl nicht. Ich wollte so schnell es ging, wieder nach Hause zu dir und war von Susans Verhalten so aufgebracht, dass ich bei der Fahrt zum Flughafen nicht ganz bei der Sache war. Dann liefen zwei Rehe auf die Straße. Ich versuchte auszuweichen und prallte mit dem Wagen gegen eine Böschung. Das Auto überschlug sich und als ich wieder zu mir kam, lag ich in einem

Rettungswagen. Zum Glück war es nichts Ernstes. Das hätte wirklich ins Auge gehen können." Dann war Gernot plötzlich still. Ich hörte ihm so gespannt zu, dass ich jetzt erst einmal einen dicken Kloß hinunterschlucken musste. Aber ich war nicht in der Lage, irgendeinen Kommentar zu dem Gehörten abzugeben. Ich war froh, dass er endlich wieder da war. Ich war geschockt über das Geschehene. Ich war enttäuscht über sein fehlendes Vertrauen mich im Vorfeld über die Sache aufzuklären und ich war verwirrt. Diese ganzen Eindrücke vermischt, waren einmal wieder ein explosives Gemisch für meine innere Stimme. Ich horchte vorsichtig – aber nichts. Noch nichteinmal sie war in der Lage, jetzt einen blöden Kommentar abzugeben und auch Tick Tack, Tick Tack war komplett tonlos.

„Ok, Paula du musst die Lage sortieren und es bleibt dir nichts anderes übrig als abzuwarten.", versuchte ich mich schließlich in der Bahn zu halten.

Das Telefon klingelte und Freya erkundigte sich, ob Gernot wieder da sei und ob bei uns alles ok war. Ich versicherte ihr, dass sich alle Unstimmigkeiten geklärt hätten, dass Gernot einen kleinen Unfall hatte und sie sich über uns keine Sorgen zu machen brauchte. Ich wollte jetzt mit niemandem über die reale Situation sprechen. Für mich fühlte es sich alles noch so unwirklich an. Jedes Wort, das ich in diesem Moment über die Gesamtsituation verlieren würde, würde ich mit Sicherheit zu einem späteren Zeitpunkt bereuen. Deshalb zog ich es vor, meine Tochter in Sicherheit zu wiegen und machte dieses „Kind-Problem" zu einem „Gernot-und-Paula-Fall", so wie ich das ein Leben lang gewohnt war. Alle Probleme wurden schon immer unter einem Deckmäntelchen versteckt. Wenn keiner ein Problem erkannte, war da auch keines. Schön naiv und absolut unpassend in meinem heutigen Leben. Aber für den Moment betrachtete ich es als besser so. Als ich den Telefonapparat wieder zur Seite gelegt hatte, stellte ich fest, dass Gernot ins Badezimmer gegangen war. Ich hörte das Wasser in der Dusche laufen. Gut, dann wollten wir mal etwas Alltag schaffen – alles andere half uns jetzt sowieso nicht weiter. Ich begab mich in die Küche und setzte Wasser auf, um einen Tee zu brühen. Dann ging ich ins Wohnzimmer und schaltete den Fernseher ein. Eingekuschelt in eine weiche Decke mit einer schönen, heißen Tasse Tee saß ich da. Gernot kam zu mir. Ohne ein Wort zu sprechen, schlüpfte er mit unter meine Decke. Er nahm mir die Teetasse aus der

Hand und stellte sie ab. Dann küsste er mich ganz sanft im Gesicht, am Hals. Die Küsse wurden leidenschaftlicher und ich spürte wie sehr ich ihn vermisst hatte. Wir liebten uns, sahen uns immer wieder tief in die Augen, hielten uns fest und mir wurde es mit einem mal klar. Egal, was bei diesem Test heraus kommen würde, unsere Liebe war es wert, die Aufgabe anzunehmen. Gemeinsam waren wir auf unserem Sofa eingeschlafen.

12

„Hallo Karla, sorry, dass ich dich nicht zurück gerufen habe. Bei mir ging die letzten Tage alles etwas drunter und drüber. Aber lieben Dank, dass du an mich gedacht hast", begrüßte ich meine Trainerin. Es war Montag und ich beschloss meinen Lebensrhythmus und damit mein Fitnessprogramm ernst zu nehmen. Ein Mensch stand immer auf zwei Beinen. Wenn das eine etwas wackelig zu stehen schien, musste man sich eben etwas mehr auf das andere stellen. Das war meine Parole, die mich durch die nächsten acht Tage, bis das Ergebnis da war, bringen sollte.

Im Büro arbeiteten Gernot und ich wie gewohnt. Es gab keinerlei Besonderheiten. Er wusste, dass ich montags in den Sport ging und er wollte sich mit seinem Vater treffen. Vermutlich war er im Gespräch mit Ronald sehr gut beraten. Die Situation war für niemanden leicht. Ich für meinen Teil genoss es jetzt erst einmal im Studio zu sein. Karla hatte wieder einmal ein Mörderprogramm vorbereitet und ich stand in der zweiten Reihe, also schon fast in der Pole-Position. „Ja, Paula so langsam arbeitetest du dich vor, hörte ich meine innere Stimme triumphieren." Dann kam er, der Höllentrip im

Achterbereich. 8-7-6-5-4-3-2-1 und acht mehr. Karla konnte nicht gebremst werden. Ich spürte wie sich meine Muskeln zusammenzogen. Der bevorstehende Muskelkater war mir sicher, und ich würde ihn annehmen, diesen unangenehmen, ziehenden Schmerz. Immer mit der Gewissheit, dass er vergänglich war. Er war der Beweis dafür, dass alles vergänglich war. Die Liebe, das Leben, die Freude, das Leid, die Paula, das Tick Tack, Tick Tack – einfach alles. Aber bis es irgendwann soweit sein sollte, dass alles vorbei war, würde ich mein Leben genießen und ich war es mir schuldig, es einfach anzunehmen.

„Paula, Paula – es wird nicht mehr besser mit dir. Du grübelst und machst dir tief schürfende Gedanken über das Leben und das Dasein. Lass es doch einfach sein. Es gab schon Menschen als du noch eine Wolke warst und es wird noch Menschen geben, wenn du schon längst wieder eine Wolke bist. Also freue dich doch einfach. Du hast es wirklich nicht schlecht erwischt." Meine innere Stimme war auch mal wieder anwesend und sie war schlecht gelaunt – zumindest wusste sie nichts Besseres als mit mir zu meckern. Na denn.

Zuhause angekommen, war Gernot schon da. Er hatte für uns gekocht. Hunger hatte ich eigentlich keinen und in Anbetracht dessen, dass es auch schon fast 22 Uhr war und das Mahl den Magen auslassen und sich direkt auf meinen Hüften niederlassen würde, hätte ich unter normalen Umständen dem Ganzen Abbitte geleistet. So empfand ich es einfach als schön, nach Hause zu kommen, von einem atemberaubenden Duft empfangen zu werden und den gemeinsamen Abend mit einem leckeren Essen und einem Glas Rotwein abzuschließen.

Am nächsten Tag besuchte mich Leonhard in der Kanzlei. Ich war etwas überrascht, weil er das noch nie gemacht hatte. Selbst als wir noch Eheleute waren, hatte er mich allenfalls nach Feierabend vor der Kanzlei abgeholt. Rein gekommen war er noch nie. Meine erste Vermutung war, dass etwas passiert sein musste. Mein zweiter Gedanke war, er brauchte etwas. „Hallo Leonhard, was machst du denn hier?", versuchte ich das Gespräch zu starten. „Hallo Paula, wie geht es dir? Du siehst fabelhaft aus. Fee hat mir berichtet, dass du wieder heiraten wirst. Und ich war gerade in der Nähe und da dachte ich mir, ich schau kurz vorbei, um dir alles Gute zu wünschen. Ich bin sehr froh, dass es dir gut geht und ich hoffe, dass dich Gernot glücklicher machen wird, als ich es getan habe." Leonhard stand direkt vor mir und schaute mich an. Ich war von seinen Worten sehr gerührt. Fast schon empfindlich berührt. Ich spürte, wie sich ein kleiner See in meinen Augen versammeln wollte, konnte dies jedoch noch rechtzeitig unterdrücken. Ich mochte Leonhard noch immer sehr. Als Freund, als Wegbegleiter und als Vater meiner Kinder war er der perfekte Mensch. Und ich war glücklich, dass ein Mann wie er, diesen Platz in meinem Leben ausfüllte. „Danke, Leonhard ich freue mich über deine Glückwünsche. Hast du Zeit für einen Kaffee?", sagte ich zu ihm und bot ihm mit einer Handbewegung Platz an. Gegenüber von meinem Schreibtisch stand eine kleine Sitzgruppe. Diese benutzten wir als Wartezone oder kleine Besprechungsgelegenheiten. Leonhard setzte sich und meinte, einen kleinen Moment habe er schon Zeit. Ich holte uns zwei Tassen Kaffee aus der Küche und setzte mich zu ihm. „Erzähl, wie geht es dir und Christine? Bist du glücklich?", fragte ich ihn. „Ja, ich bin glücklich mit ihr. Ich soll dich auch grüßen. Paula, ich weiß, dass wir als Ehepartner nicht die Besten waren. Aber ich möchte, dass du weißt, dass du in meinem Leben immer einen Platz haben wirst und wenn du einmal alleine bist oder jemanden brauchst, dann weißt du wo du mich findest. Es ist mir sehr wichtig, dass ich dir das sagen kann." Er schaute mich ganz ernst an. „Leonhard, ich danke dir.

Dasselbe gilt für dich auch. Wir werden allein durch unsere Kinder ein lebenslanges Band zueinander haben. Meine Tür steht für dich auch immer offen", gab ich ihm zurück. Leonhard kam näher und nahm mich in den Arm. Er drückte mich und gab mir einen Kuss auf die Wange. Dann verabschiedete er sich wieder. Erst als er gegangen war, bemerkte ich, dass Gernot in der Tür stand. Ob er uns gesehen und gehört hatte? „Na, dem fällt aber spät ein, was für einen Schatz er da verloren hat. Tut es dir leid, dass ihr geschieden seid?", war seine Frage und ich wusste somit, dass er uns gesehen und gehört hatte. Was soll's, meine Gefühle in Bezug auf meine Männerwelt waren geklärt. Ich hatte einen Ex-Mann, den ich sehr mochte und ich hatte einen zukünftigen Mann, den ich liebte. Jeder von uns hatte seine Vergangenheit und im Hinblick auf das Geschehene verzichtete ich darauf, Gernot nochmals extra darauf hinzuweisen. Der kleine Anflug seiner Eifersucht tat mir aber sehr gut.

Er ging in sein Büro zurück und ich räumte das Kaffeegeschirr wieder auf. Eine Stunde später kam Ronald Berben in die Kanzlei. „Hallo Paula, alles klar bei dir? Konntet ihr miteinander reden?" begrüßte er mich. „Hallo Ronald, danke es geht mir gut und ja wir konnten reden. Jetzt müssen wir abwarten und das empfinde ich als furchtbar. Egal wie, sollte Gernot der Vater von Amy sein, wird er sich seiner Pflichten nicht entziehen können. Nachdem der Ehemann von Susan nicht in Betracht kommt, ist das Ergebnis zwar noch nicht schwarz auf weiß aber erdrückend. Wir werden sehen", gab ich zurück. Ronald presste die Lippen zusammen und nickte mir zu. Dann begab er sich in Gernots Büro. Für ihn musste die Situation auch unangenehm sein. Gernot war sein Sohn und die Aussicht auf ein eigenes Enkelkind blieb ihm vereitelt. Jetzt war ein Enkelkind zum Greifen nahe, aber die Lebensumstände waren untragbar. Ronald hatte Sorge, dass ich die Heirat absagen könnte und gleichzeitig wusste er, dass sein Sohn noch nie so glücklich mit einer Frau war. Er selbst war ein allein erziehender Vater. Gernots Mutter war sehr früh verstorben und Ronald wagte es nie, nochmals zu heiraten. Er lebte mit seiner Mutter und Gernot in dem Haus, in dem heute die Kanzlei ist. Die Mutter von Ronald war inzwischen über neunzig Jahre alt und lebte in einer Altersresidenz. Er selbst hatte duzende von Affären – aber nie wieder eine Frau fürs Herz gefunden. Den Platz nahm Gernots Mutter ein und gab ihn über den Tod hinaus nicht mehr frei. Ich kannte Ronald schon so viele Jahre, und dachte lange Zeit, er sei geschieden. Heute sah ich ihn zum ersten Mal als gefühlvollen, betroffenen Mann. Er gehörte zu den Menschen, die stets Souveränität ausstrahlten. Gefühlsregungen ließ er einfach nicht zu. So nahm man ihn zumindest wahr. Vermutlich gehörte er aber einfach nur zu den Menschen, bei denen man vergaß, genau hin zu schauen. Ich für meinen Teil mochte ihn sehr – als Mensch und als zukünftigen Schwiegervater.

13

Es war Samstagmorgen als es an der Tür läutete und der Briefträger einen gelben Umschlag in den Händen hielt. „Guten Morgen Frau Füllermann, ich habe Post für Herrn Berben. Sie müssten mir den Empfang bescheinigen", begrüßte mich der Mann. „Wo muss ich unterschreiben?", fragte ich kurz nach und er deutete mit dem Finger auf die Stelle, wo er die Unterschrift gerne gehabt hätte. Ich nahm seinen Kugelschreiber und bestätigte den Empfang des Briefes. Mit einem Gruß verließ der Mann unser Grundstück und ich ging zurück ins Haus. „Gernot, wo steckst du? Die Nachricht aus England ist da!", rief ich in Richtung Badezimmer. Mit einem Mal stand Gernot vor mir und sagte: „Ok, mein Schatz die Stunde der Wahrheit ist nun gekommen." Möchtest du alleine sein?", fragte ich. „Nein, es betrifft dich genauso wie mich. Lass uns ins Wohnzimmer gehen und dieses Ding öffnen", erwiderte er. Mein Herz klopfte wie wild. Meine Hände fingen an zu schwitzen. Voller Erwartung setzte ich mich gegenüber von Gernot. Er öffnete den Umschlag, nahm den Brief heraus und faltete ihn auseinander. Dann begann er zu lesen. Für mich fühlte es sich an wie in Zeitlupe. Ich traute mich kaum zu atmen. Gernot las und mit einem Mal legte er seine Hand über den Mund, so als ob er etwas ganz Fürchterliches entdeckt hätte. Dann legte er das Schreiben zur Seite, ließ die Schultern hängen und meinte nur: „Unfassbar!" „Was denn?", fragte ich vorsichtig. Gernot streckte mit das Dokument entgegen und meinte: „Hier lies selbst." Zuerst stand da sehr viel Bla Bla und dann kam ich an die wohl wichtige Stelle und in der Stand sinngemäß (das Schreiben war in Englisch verfasst), dass das klinische Ergebnis zu 100 % ausschließt, dass Gernot der Vater von Amy war. Auf der einen Seite verspürte ich eine riesengroße Erleichterung, auf der anderen Seite konnte ich die Fassungslosigkeit von Gernot nicht einordnen. Ich legte den Brief zur Seite und verzichtete auf jegliche Worte, wartete ab und hörte wie Gernot sagte: „Die führt uns doch alle an der Nase herum. Wenn nicht der Ehemann von Susan der Vater von Amy ist und ich bin es auch nicht, ist das doch der Beweis, dass dieses Luder mit noch einem anderen Mann zusammen war! Ist das nicht widerlich? Ich bildete mir ein, ich wäre ihre große Liebe. Ich habe es dann hingenommen, dass ich nur ein kleines Ersatzteil für ihren Ehegatten war, um dann heute erfahren zu müssen, dass die noch einen weiteren Kerl hatte. Wie kann man sich so in einem Menschen täuschen?" Gernot war außer sich vor Zorn. Ich

161

ließ ihn erst einmal allein mit seinen Gedanken und Gefühlen. Das hier hatte alles nichts mit mir zu tun, dessen war ich mir sicher. Gernot musste alles erst einmal verarbeiten. Nach einer Weile griff er nach dem Telefonapparat und rief seinen Vater an. Ausschweifend berichtete er ihm, was in dem Brief stand. Danach wählte er eine weitere Nummer. Es war die Nummer von Susan. Das Gespräch wurde auf Englisch geführt. Mein Schulenglisch war ja nun schon ein paar Tage her. Ich verstand nicht die komplette Konversation aber soviel konnte ich verstehen, dass ich wusste, dass Gernot Susan direkt fragte, was das Ganze sollte und was sie sich dabei gedacht hatte. In Teilen des Telefonates schrie er sie förmlich an. Ich hoffte darauf, dass diese starken Gefühlsausbrüche nicht zustande kamen, weil er gern der Vater gewesen wäre oder noch besser, weil er enttäuscht war, dass das ewige Band zwischen ihnen nun endgültig zerrissen war. Ich hoffte darauf, dass es einfach das Ergebnis eines komplett überstrapazierten Nervenkostüms war, welches gerade in sich zusammen brach. Das Telefonat dauerte bereits über zwanzig Minuten. Als er aufgelegt hatte, kam er auf mich zu. „Paula, ich bin froh, dass ich dich habe. Bitte entschuldige, dass du das hier alles miterleben musst. Ich hätte es dir gern erspart und mir auch." „Mach dir wegen mir keine Sorgen. Schau nach dir und sortiere dein Leben", gab ich in relativ ruhigem Ton zurück.

Nachdem eine Weile vergangen war, fing Gernot an, mir von dem Telefonat zu erzählen. Er sagte, dass Susan sich sicher war, dass entweder ihr Mann oder Gernot der Vater ihrer Tochter sein würde. Es hätte keinen weiteren Mann gegeben. Sie bezweifle das Gutachten und würde es anfechten. Susan wollte sich mit ihrem Mann wieder versöhnen. Der freute sich darüber und war stolz Papa zu werden. Als ein Laborbefund jedoch bescheinigte, dass er nicht der Vater war, war er nicht bereit für Susan und Amy da zu sein. Mir wurde übel. Dies hieß, nochmals warten zu müssen. Musste er nochmals nach England? Nein, das war dann doch auch jetzt zuviel für mich. Ich war mir sicher, dass diese Art von Nervenkitzel selbst einer Paula Füllermann zu sehr zusetzte. Auch wenn diese ganze Aktion ein prima Ablenkungsmanöver für meine Tick Tack, Tick Tack Attacken war, nochmals wollte ich das nicht durchstehen.

„Paula, mir ist das jetzt völlig egal, wen die als Vater für ihr Kind auftreibt. Ich habe einen Vaterschaftstest nach den gerichtlich medizinischen Vorschriften gemacht. An meinem Test gibt es keinen Zweifel. Die richten bei solch einem Verfahren so viele Werte gegeneinander und wenn da nur eine kleine Übereinstimmung gewesen wäre, hätte das Ergebnis nicht 100 % lauten können. Lass uns diese Geschichte schnell vergessen und uns nur noch auf unser gemeinsames Leben konzentrieren." Diese Worte besiegelte er mit einem Kuss.

14

Unser Hochzeitstag war gekommen. Ich erwachte früh morgens und ich war aufgeregt. Heute würde etwas in Erfüllung gchen, von dem ich anfänglich noch nicht einmal geträumt hätte. Dann hatte ich mich an den Gedanken gewöhnt, die Frau von Gernot Berben zu werden und musste Ängste überstehen, diesen Traum wieder begraben zu müssen. Mein Leben, das auf Schienen zu verlaufen begann, das von alltäglichen Eintönigkeiten geprägt war, wurde beim Verlassen der Schienen in einen Rennwagen verwandelt. Dieser Rennwagen bescherte mir die größten Ängste, die größten Freuden und die größte Leidenschaft meines Daseins. Es bekämpfte Tick Tack, Tick Tack-Attacken, schleppte mich in ein Fitnesscenter und ließ mich spüren, dass jeder Tag lohneswert war, ihn zu erleben.

Gegen 9 Uhr trafen Freya und Luis ein und gleich danach kam Fee. Sie hatte einen jungen Mann im Schlepptau, namens Marcel. Innerhalb kürzester Zeit war das Haus mal wieder richtig mit Leben gefüllt. Jetzt erst war mir aufgefallen, wie ruhig mein Leben geworden war. Ein Haus, das nur von zwei Personen bewohnt wurde, war ruhig – fast leblos. Jetzt konnte man in jedem

Zimmer Schritte hören. Die Klospülung dröhnte hier, das Radio plärrte da. Es kicherte und schepperte im ganzen Haus. Ein Gefühl von Glück schlich sich in meinen Kopf. Fee saß mit ihrem Marcel in meiner Hollywoodschaukel. Ich beobachtete sie und entdeckte einen kleinen Spiegel meiner selbst. Ist es nicht wundervoll, wenn man sich in den Kindern wieder findet? Ist das nicht die Versicherung dafür, dass ein kleines Stück von uns immer da sein wird? Ein wundervoller Gedanke.

Ich stand in unserem Schlafzimmer und zog das olivfarbene Kleid an. Heilfroh über meine unzähligen Stunden im Fitnesscenter, die mir eine wirklich sehr gute Figur beschafft hatten. Meine Haare hatte ich mit einigen wenigen Klammern nach oben gesteckt. Etwas Make-up und Rouge verliehen mir einen rosigen Gesichtston. Gernot trat hinter mich und sagte: „Du machst mich heute zum glücklichsten Mann im ganzen Universum. Als der liebe Gott entschieden hat, dass er mich dir vorstellt, muss ein Stern geboren worden sein. Ich liebe dich." „Gernot, sag nicht solche Sachen zu mir. Das hört sich so schön an und ich habe Angst, dass ich es wieder verlieren könnte. Ich liebe dich auch. Mehr als ich jemals einen anderen Mann geliebt habe." „Mehr als deinen ersten Mann?", fragte er und grinste mich spitzbübisch an. „Ich habe Leonhard auch geliebt – aber es hat sich anders angefühlt." Ich hoffte darauf, dass sich Gernot mit dieser Ansage zufrieden gab. Er lächelte und ging hinaus, was mir bestätigte, dass er zufrieden war, mit dem was in seinen Ohren ankam.

Ich ging hinunter in die Küche, Fee kam mir entgegen. Schon an ihrem Blick bemerkte ich, dass sie mir etwas sagen wollte. „Na, meine Kleine – ist das etwas Ernstes mit diesem Marcel?", fragte ich vorsichtig. „Ja, Mama ist es. Freya und ich wollen dir unbedingt etwas sagen", gab sie zurück und rief ihre Schwester herbei. Diese eilte und holte Luis und Marcel dazu. Dann standen die vier vor Gernot und mir. „Mama, wir werden auch heiraten. Wir machen eine Doppelhochzeit im August", verkündete Fee die freudige Nachricht. „Ja, mein lieber Gernot und du wirst bald mit einer Oma ins Bett müssen. Luis und ich erwarten ein Baby", sprudelte es aus Freya hinterher. Ich konnte kaum fassen, was ich da hörte und brauchte auch ein paar Sekunden, bis mein Hirn doch tatsächlich alle Informationen einsortiert hatte. Aber dann hüpfte ich vor Freude, nahm meine Kinder in den Arm und auch meine künftigen Schwiegersöhne. Gernot nahm mich in den Arm und meinte: „Na

Oma Paula, dann komm mal her." Das fühlte sich nun richtig komisch an. Es war unglaublich. Ich fühlte mich noch so jung. Jetzt wurde ich Oma. Konnte das sein?

Als wir uns alle wieder gefangen und uns hübsch gemacht hatten, fuhr Ronald mit einer Stretchlimousine vor. Auf dem Beifahrersitz saß seine Mutter, Gernots Oma, und nun bald angeheiratete Uroma von Freyas Kind. Wir passten alle in den Wagen und fuhren gemeinsam zum Standesamt. Ich fühlte mich wie in einem amerikanischen Kitschfilm und dennoch genoss ich jeden einzelnen Augenblick. Gernot saß neben mir und strahlte bis über beide Ohren. Ich glaubte, er war glücklich. Beim Standesamt angekommen, wurden wir in einen wunderschön geschmückten, aber sehr einfachen Raum geführt. Unser Standesbeamter war eine Frau. Ja, das war die Zeit. Heute nahmen Frauen die Berufe der Männer ein und ich musste sagen, diese Dame machte ihre Arbeit wirklich sehr gut. In schönen Sätzen formulierte sie unsere Trauung. Wir sagten ja, unterschrieben das Formular und dann wurde geküsst, geknuddelt und die guten Wünsche wurden ausgesprochen. Somit wurde Paula Füllermann zu Paula Berben. Ob ich mich daran gewöhnen konnte? Mal sehen. Als wir aus dem Trauzimmer traten, standen

Leonhard und Christine draußen. Sie arrangierten einen kleinen Sektempfang für uns. Und jetzt konnte ich den See in meinen Augen nicht mehr zurück halten. Der Staudamm brach und die Tränen flossen in Sturzbächen über meine Wangen. Ich war überwältigt. Auch wie in amerikanischen Filmen hatte ich binnen weniger Sekunden alle angesteckt. Wir lachten, heulten und feierten zusammen. Natürlich wurden Leonhard und Christine zu unserer kleinen Feier eingeladen. Leonhard ging auf Gernot zu und sagte: „Mach sie glücklich, meine Kleine. Sie hat es verdient." Gernot sagte nur: „Das werde ich." Dann kam Leonhard zu mir: „Lass dich drücken. Du bist die schönste Braut, die ich kenne. Alles Gute!" „Na dann wird es aber Zeit, dass wir das ändern", sagte ich. Drehte mich und warf meinen Brautstrauß, angesichts dessen, dass meine Töchter sich schon verlobt hatten, genau in Christines Richtung. Sie fing ihn auf, wir zwinkerten uns zu und Gernot meinte: „Tja Leonhard, da drinnen gibt es noch Termine." Es war ein riesiges Gelächter. Die Stimmung war ausgelassen. Es war ein wundervolles Gefühl, alle Menschen um sich herum so glücklich zu sehen. Als Leonhard dann noch von der Doppelhochzeit und seiner Anwartschaft als Opa erfuhr, erlebte dieser Tag seinen Höhepunkt.

15

Seither waren vier Wochen vergangen. Unser Leben nahm bereits wieder den normalen Verlauf. Meine Versprecher am Telefon wurden immer weniger. Wenn man mehr als die Hälfte seines Lebens Füllermann geheißen hat, ist das gar nicht so einfach, sich das wieder abzugewöhnen. Aber ich schaffte es immer öfter, mich mit Paula Berben am Telefon zu melden. Meine kleine Fee stieg nun bei uns in die Kanzlei mit ein. Gernot wollte sie langsam an unsere Klienten heranführen und ich empfand die Idee, meine Tochter um mich herum zu haben, als sehr nett. Im Gegensatz zu Freya wollte Fee erst einmal ihren Beruf genießen. Das Kinderkriegen war bei ihr noch ein Programm, das in den Sternen stand. Es hatte beides etwas. Ich selbst genoss es, in jungen Jahren Kinder gehabt zu haben. Klar, ging mir die eine oder andere Chance flöten. Ich hätte auch gern studiert und wäre eine erfolgreiche Anwältin geworden. Dann kam es anders und für die damalige Zeit war es so wie es gekommen war, auch gut. Dafür hatte ich jetzt alle Möglichkeiten mit meinem Leben etwas anzufangen. Wenn man später Kinder bekommt, kann man seinen Beruf noch etwas mehr vertiefen und hat es danach vermutlich leichter, wieder einzusteigen. Aber dies war eine

Entscheidung, die jeder selbst für sich treffen musste.

In der Post war ein Brief von Susan. Ich ging in Gernots Büro und übergab ihm das Schreiben. Er öffnete ihn. Er war in Englisch verfasst. Gernot las ihn zuerst ganz durch und dann übersetzte er sinngemäß:

Mein lieber Gernot,
ich habe gehört, dass du geheiratet hast. Dazu möchte ich dir von ganzem Herzen gratulieren. Ich wünsche dir, dass du die Frau fürs Leben gefunden hast.
Mein Mann und ich haben einen weiteren Test in Erwägung gezogen und dieser hat nun bestätigt, dass der erste Laborbericht fehlerhaft war. Er ist nun doch zweifelsohne der Vater von Amy. Es war mir ein großes Bedürfnis dir diese Nachricht zu übermitteln. Es gab immer nur dich und meinen Mann. Ich hätte den Gedanken, dass du geglaubt hattest, ich hätte einen weiteren Liebhaber gehabt, nicht ertragen. Entschuldige nochmals die Unannehmlichkeiten, die du durch mich hattest.
Sei herzlichst gegrüßt Susan
PS Amy und ich sind wieder zu Hause eingezogen.

Gernot faltete das Blatt und meinte. „Gut, dass sie mir das geschrieben hat. Ich habe zwar nie an meinem Test gezweifelt, aber so haben wir es schwarz auf weiß und müssen uns für den Rest des Lebens nicht mit irgendwelchen Zweifeln plagen." Ich ging auf Gernot zu. Er stand auf und wir fielen uns in die Arme. Ein Blick, eine Umarmung – Zufriedenheit.

Tick Tack, Tick Tack – so hörte er sich an. Der Ton, der mich immer öfter daran erinnerte, dass die Wechseljahre unaufhaltsam näher kamen. Und so hörte er sich an, der Ton, der mich daran erinnerte, dass man das Leben nehmen musste wie es kam – zu jeder Zeit.

Die Autorin:

Brigitte Wenzel wurde am 14. Juli 1968 in Pforzheim geboren. Im Jahr 2002 entdeckte die gelernte Bürokauffrau ihre Leidenschaft für die Schriftstellerei.

Sie ist Gründungsmitglied der Autorengruppe Federleicht in Pforzheim, und lebt mit ihrem Mann und den beiden Kindern im Enzkreis.

Bisherige Veröffentlichungen:
Alarm im Hühnerstall 1 – 3
Tagebuch Nr. 13
SINA – Zauberengel
Frauen morden federleicht

Weitere Informationen unter:
www.brigittewenzel.eu

Titelbild von Markus Kompauer

Markus Kompauer geboren am 15.01.1971 in Esslingen. Studium in der Kolping Akademie für angewandte Grafik in Fellbach. Bis ca. 1998 als freier Illustrator vorwiegend mit der Airbrushpistole tätig.

Im Jahr 2004 gründete er die Werbeagentur Komp.ag in Pforzheim.

Die Liebe zum Detail und eine erkennbare Geduld prägen die leidenschaftlichen Bilder von Markus Kompauer, die sowohl in Öl als auch in Acryl gestaltet werden. Seit 2005 beschäftigt er sich zusätzlich mit der plastischen Darstellung.

Kontakt per eMail: info@komp-ag.de